変革的コーチング

5つの基本手法と3つの脳内習慣

Coach the Person, Not the Problem

著 マーシャ・レイノルズ
Marcia Reynolds

監修 伊藤守
株式会社コーチ・エィ

訳 深町あおい

Discover

Coach the Person, Not the Problem
by Marcia Reynolds

どんな問題があっても、私を信じ続けてくれた両親へ世に出ているコーチングやリーダーシップの本には、良い質問をするためのルールがよく列挙されています。そこに共通しているのは、「はい／いいえ」でなく自由に回答できる質問をする、「何が」「いつ」「どこで」「どのように」「誰が」から質問を始める、「なぜ」と聞かない、といったことです。

こうしたルールは、読者の誤解を招きかねません。

実際に、コーチや指導者は、クライアントや従業員に集中するより、ルールどおりの質問を考えるほうに時間を費やしているのです［01］。それではコーチング学校やリーダーシップ講座で習ったお手本どおりにできているかを気にかける「チェックリストつきコーチング」になってしまい、結局、クライアントにとっては役に立つより不満のほうが大きくなります。

コーチたちは、クライアントの話より自分の考えごとに集中するばかりでなく、コーチングを必要以上に難しく考えています。魔法のような質問を見つけるより、クライアントに神経を集中し、話を要約したり言い換えたり整理したりして、内省を促す発言をすることのほうが、簡単かつ効果的なのを知らないのです。

内省を促したあとは、コーチが本の中から引っ張り出さなくとも、クライアントへの純粋な関心から質問できるようになります。「はい／いいえ」で答える質問でさえも、思考のブレークスルーにつながるときがあります。

コーチングとは「探求」のプロセスであって、質問をし続けることではありません。「探求」をするのは、解決法を探すためではなく、クライアントに自身の思考に対して批判的な目を向けさせるためです。

コーチングを受ける人は、探求によって自分の論理の欠陥を認識し、考えを検証して、不安や願望を明確にします。思考が整理され、より広い視野が得られたときに、解決への道が見えてくるのです。

「内省を促す」とは、自分の頭の中をのぞくように仕向けることです。内省を促すコーチの発言には、要約する、ラベリングする、たとえを使う、主要な部分または相反点を明らかにする、相手の感情の変化を認識する、といったことが含まれます。内省を促す発言に質問を加えたものが「内省的探求」です。

答えを求めるのが「質問」、
気づきに向かわせるのが「探求」。

内省を促す発言によって、クライアントは、自分の言葉を聞き、考え方に気づき、感情と向き合います。そして、確認の質問（「このとおりでいいですか?」）や探る質問（「何が」「いつ」「どこで」「どのように」「誰が」）を投げかけられて、自分の思考をのぞき込むのです。

内省を促す発言＋質問＝「内省的探求」

内省を促す発言と質問を組み合わせることで、コーチングはもっと楽に、自然にできるようになります。ブレークスルーを生む質問をひねり出そうと呻吟《しんぎん》しなくてもいいのです。

内省を促す発言と質問の組み合わせによって、コーチは、完璧、または最良、あるいは最適な質問を見つける重圧から解放される。

一方で、自らコーチと名乗りながら、アドバイスの材料探しのような質問ばかりする専門家たちがいます。この人たちは、私たち「国際コーチング連盟」（ICF、旧「国際コーチ連盟」）に対し、質問の仕方についてあれこれと要件を押しつけると批判します。

ハーバード大学のある心理学の教授は、自身がICF資格認定のコーチではない理由について、クライアントである上級管理職たちが、どう感じているか聞いてほしいとは望んでいないからだと言います。

「考えや気持ちを聞くのは時間の無駄です。クライアントは私に専門家としての意見を求めているのです。どうしていいかわからないから、アドバイスをするか喝を入れるかしてほしいのです」

クライアントの要望としてはそれもあり得るでしょうが、少なくともそれはコーチングではありません。顔をひっぱたきながら助言しているようなものです。

アドバイス好きの人たちが「コーチング」という言葉をあいまいにして、明確な専門的職業としてのコーチングをだめにしてしまわないかと私は心配です。

コーチングは、思考を組み直し、視点を変え、自分と自身が置かれた状況をとらえ直すのに役立つ、効果的な技術です。自分の視点と考えに行き詰まった人のために、コーチは「ともに考えるパートナー」になります。大きな不安や根拠の薄い伝聞、不確かな仮説は、その人の行動の幅を狭めますが、こうした課題をクライアントが乗り越え、もっと広い見地から考えられるように手助けするのがコーチです。

そうやって新しい気づきを得たクライアントは、人からアドバイスされるよりも高い確率で、新たな解決法を見つけ、以前は避けた方法を用いて行動し、長期的な行動変化に取り組むようになるのです。

コーチングが目指すのは、クライアントがいったん立ち止まり、自分の視野を狭めている思考や態度に疑義を挟むことで、望みをかなえる新しい道を見出すよう仕向けることです。

内省的なやりとりの中でクライアントが発した言葉をその場で繰り返して述べると、クライアントは、自身の発言を外からとらえられます。それを踏まえて質問をすると、クライアントは次に自分の考えや行動パターンを認識できます。どの行動パターンがうまくいかず、障害にさえなっているかを、自ら確かめられるようになるのです。

辛抱強く敬意を持ってコーチングすれば、すばらしいアドバイスをしなくても、クライアントは恐らく自分が何をすべきかはっきりとわかるでしょう。

内省的探求は、非常に効果のある学習法として１００年以上の歴史があります。その由来については第1部で説明します。

コーチングはそんなに難しくない

相手に神経を集中し、理解を示しながら内省的探求を行うと、コーチとクライアントのあいだに強い結びつきが生まれ、クライアントは安心して自分の思考を批判的に探れるようになります。プレッシャーを感じることなく、何が行動や考えの障壁になっているのかを自然と、より深くつきとめるようになるでしょう。自分が口にした言葉を他人の口から聞けば、自ら進んで、発言の意味を細かく分析します。自分の価値観や理想に反する行動を都合よく正当化しているとわかったら、それも認めるはずです。

アドバイスの専門家としてではなく、ともに考えるパートナーとして、クライアントから渡されたものを受け止めて、返す。それがコーチの仕事です。鮮やかな質問を投げる必要はありません。自分の発言が直観によるものなのか欲求によるものなのか、つきとめる必要もありません。すべての答えを用意する必要もありません。

正しさにこだわらず、クライアントから聞いて、見えてくることを本人に伝え、ときにはそのとき感じたことを投げかければ、それで十分良いコーチなのです。

クライアントから聞いて、見て、感じたことを伝えたあとに恐らく投げかける質問は、これまで使い古してきた「良い質問」リストとは異なり、クライアントの内省に基づいたものになるでしょう。

私がこうした技術を教えると、世界各地のコーチからこんな声をもらいます。

「どうもありがとう。完璧な質問をするという呪縛から解放されました」

「あなたのコーチングを見て、心が軽くなりました」

「コーチングの楽しみ方を教えてもらいました」

この本では、会話にコーチングの手法を取り入れたい人が、どのように内省的探求を使えば、相手により集中して効果を上げられるかを解説していきます。プロのコーチでも指導者でも、親でも友人でも、会話にコーチングの手法を使う人誰もが、どうすれば有意義で記憶に残る結果を得られるか、さまざまな方法や具体例を通じて説明します。

この本について

第1部では、問題を抱えるクライアントがより良く考えられるようコーチングする際に、会話の中で実践すべき点を明らかにします。「コーチング」という言葉がさまざまな意味合いで使われてきたため、ここでは、どのような枠組みでコーチングを探っていくのか、共通の理解を持つことから始めたいと思います。

まず第1章で、このコーチングのメソッド——内省的探求——が、心の持ちようを変えて行動の長期的な変化を促すのに効果的な理由を説明します。学びの重要な要素である気づきを得るときの脳の働きと内省的探究の関係や、人がコーチングの力を借りて思考を深める方法について解説します。

この章では、コーチングに最適なタイミングについても考えます。コーチングは、すべての場面で使うものではありません。あなたがいつもコーチでいては、部下や友人、パートナーも不愉快になるでしょう。納得できる理由や、場合によっては許可が必要です。コーチングをする良い機会と考えられる状況をリストにして挙げます。

第2章では、コーチングの目的を見失わせる5つの考えを検証します。それらの考えが正しいのは限られた場合のみです。しかも、それらを厳格なルールだと考えてしまうと、コーチングの効果は限定されます。一つひとつの考えに代わる意見を提案し、それがクライアントとコーチの関係という観点で見たときにいかに有効か、例を使って示します。

第2部はこの本の中核です。ブレークスルーへ導くコーチングのための5つの基本的手法について、内容を説明し、どのように実行するかを伝えます。

1―集中……問題解決ではなく、相手の内面に働きかける
2―アクティブ・リプレイ……核心部分を表現し直し、改めて見つめる
3―脳を探る……箱の中から宝を見つける
4―着地点はどこか……筋道から外れない
5―新天地から次へ……気づきから行動へと導く

コーチングに熟練するには、単にスキルを磨けばいいわけではありません。集中がとぎれたときに素早く気づき、目の前のクライアントに再び全神経を集中させなければなりません。

第3部では、内省的探求の実践に熟練するための3つの脳内習慣を説明し、それを養うための練習をします。

1―頭の中を整える

2―受け取る（ただ聞くのではない）

3―自分の決めつけに気づき、これを排除する

基本的手法と脳内習慣の両方について、私はこれまで世界中の何千人ものコーチの前でデモンストレーションをしてきました。学べて良かった、あるいは知っていたけれど思い出させてもらって良かったと感謝されます。

組織の指導者は、自分がコーチングをしないのは「時間がないからだ」と言います。しかし、これらの手法を彼らに教えると、時間が云々というのは言い訳に過ぎず、うまくコーチングできないという不安が根っこにあることに彼らは気づきます。恐らく、良い質問をしようと必死に考えたけれどできなかった経験があるのでしょう。

この本で紹介するコーチングは簡単で、より確かな成果がすぐに現れます。それがわかったら、不安も薄れるでしょう。

内省的探求を使えば、それが相手の考え方や行動に大きな変化を起こす最適な手段だとわかります。さらに、会話が充実するだけでなく創造的で有意義になり、相手はさらに学び、成長しようと思うようになります。従業員は、認められ、話に耳を傾けてもらい、尊重されていると感じるでしょう。それが生産性や貢献度の向上、アイデアが生まれる環境の充実につながるのです。

良いコーチングを受けた人たちは、人生が変わったと言います。コーチングの本質は、問題解決やパフォーマンスの向上にはありません。内省的探求を駆使するコーチは、人間の魂に働きかけて活力を取り戻させる仕掛け人です。世界の出来事や目の前で起こっていることに気持ちが沈むときにこそ、コーチングは道を照らしてくれるでしょう。

マーシャ・レイノルズ

変革的コーチング　5つの基本手法と3つの脳内習慣―目次

第3部　3つの脳内習慣

第1部

コーチングの会話とは

What is a Coaching Conversation?

Coach
the Person,
Not the
Problem

「コーチングは、ただ良い質問をするだけにとどまらない、
もっとずっと幅広いものです。」

――マーシャ・レイノルズ

国際コーチング連盟（ＩＣＦ）の創設者たちは、まずこのような問いを立てました。

「コーチングは、セラピーやコンサルティングとどこが違うのか」

この議論から、ＩＣＦのコーチングの定義が生まれました。

「コーチングとは、思考を刺激し続ける創造的なプロセスを通して、クライアントが自身の可能性を公私において最大化させるように、コーチとクライアントのパートナー関係を築くことである［01］」


この定義で最も大事な言葉は、**「パートナー関係を築く」**です。

コーチは、たとえ専門家や解説者になれる経験や教育があるとしても、そのような立場で相手には接しません。コーチは基本的にともに考えるパートナーであり、クライアントが自らの創造力と資質をもって目の前に立ちはだかる壁の向こうを見据え、問題を解決するまでを支えます。

コーチとクライアント双方のすばらしいコーチング経験から、コーチングのさらなる成長を支える決意と情熱が生まれます。私の場合、ついアドバイスしてしまいそうなときに、古い考えにこだわっていたとクライアント自身が気づき、自分を笑い飛ばす姿を目にする瞬間ほど、充実感を覚えることはありません。

問題解決の鍵を自分の力で見つけた人の目の輝きを見るのは、本当にうれしいものです。人に迷惑をかけずに夢を追えるとわかったとき、相手はほっとして感謝の表情を浮かべます。クライアントの中に勇気が湧き上がるのを見ると、私は喜んでその夢の実現に向けてお手伝いをしたくなります。

人は、注目され、話を聞いてもらい、尊重されて初めて、より高い目標を持てるようになります。創造力というものは、そのような場で働きます。自身の思考や行動について安心して考察できます。

自分の判断や不安を表に出すのは居心地の悪いものですが、コーチングによってそれらの障害をどう乗り越えるかがわかると、クライアントは新たな力を得たように感じるのです。

人は本来ウイットに富み、創造力豊かな完璧な存在だと多くの指導者が述べていますが、この考えを最初に提示したのは、心理学者のアルフレッド・アドラーです。アドラーは、人が自分の可能性に気づいたときに感じる力を信じるように言いました。彼はこう述べました。

「人間は自分で理解している以上のことをわかっています[02]」

師であるジークムント・フロイトと考えの違いから袂《たもと》を分かったアドラーは、一般の人々が前へ進もうとするのを助けるのに、それぞれの過去の精神的な出来事がどう影響しているかを見る必要はないと説きました。

「私たちは、状況を自ら意味づけ、それによって自身を決めている」とアドラーは言っています。そうであるなら、その意味づけを変えたり広げたりすることで、自身や自分の行動を新たな視点でとらえる可能性を開くことができるのです[03]。

アドラーの見地をもとに、多くの近代的な精神療法が生まれました。アドラーが大衆に対して持っていた敬意は、コーチングにおいて基礎となる概念です。自分の決断や行動について迷いがあり、精神療法は使わず、自分の考え方を探ればきっと何かがつかめると考えている人にとって、コーチングは良い橋渡し役となるでしょう。

「内省的探求」の由来

アドラーは、コーチとクライアントとの関係をうまく定義してくれました。ただ、コーチングは、認知行動療法や問いかけを基本としたコンサルティングと似ているようで、その実践は、それらの治療行為や商業的手法よりも、ジョン・デューイの教育哲学により直接的に関連しているといえます。

デューイは1910年、古典的な著書『思考の方法』で、**内省的探求**（reflective inquiry）について定義しました[04]。教育改革家だったデューイは、生徒の頭に情報を詰め込むだけ詰め込み、記憶力をテストする当時の教育のあり方を変えたいと考えていました。教師がもっと質問をするよう唱えていただけではありません。生徒たちが自分が知っていると思っていたことを自ら疑い、そこから広範な学びを受け入れられるような問いかけのあり方について説きました。

デューイが考えたのは、批判的思考を引き出す仕掛けとソクラテス的問答法（訳注・質問を投げかけて、相手の気づきを促す手法）を組み合わせて、生徒の意識を心の中に向けさせ、自分の思考について熟慮させる方法です。それによって、生徒は自分が知っていることと知らないことを峻別し、世間の定まった考えを認めるか認めないかを考え、不安や疑念を具体化できるのです。

デューイは比喩的に、**人は内省的探求によって、心の中で木に登れる**と述べました[05]。

視野が広くなれば、自分の思考の中で、つながりのある要素や欠陥が見えるようになり、次に何をすべきかを見極められるのです。

木の上から物語をながめる

内省的探求では、コーチがクライアントの思考や信念を鏡に映し出すように再現し、それらを評価するよう本人に促します。

鏡に映し出す行為を私は**アクティブ・リプレイ**と呼びますが、ここでのコーチの役割は、クライアントが話した重要なくだりを要約したり、言い換えたり、大切な言葉を拾ったり、クライアントの感情やしぐさを伝えたりすることです。

それに対してクライアントは、説明を加えたり修正したりして、自分が言った言葉の意味を掘り下げます。自分の思考を探りながら、クライアントは沈黙したり、目線を上げたり下げたり横にそらしたりするかもしれません。

コーチはたびたび間を置いて、クライアントに考える時間を与えます。クライアントの考えている時間があまりに長いようなら、「何かを考えているようですね。今どんなことが頭に浮かんでいますか？」などと質問してもよいでしょう。

内省を促すコーチの発言によって、人は自分の言葉を改めて耳で聞いて、自分の考えが物事の見方に与える影響を知り、抱いている感情と向き合います。そして、さらに**確認の質問**（「あなたが信じているのは、こういうことですか？」など）や**探る質問**（「どうしてためらっているのでしょう？」など）を受けて、クライアントは立ち止まり、自分の思考を深く見つめるのです。

> コーチは内省を促す発言と質問を使って、相手に自分の思考を内省するよう促す。

コーチは、クライアントが発する熱量の変化、言葉の調子、話す速度、声の抑揚、挙動に気づきます。クライアントの考えや仮説を繰り返し、その真実性や限界を検証します。クライアントが話すさまざまな目標や今後の可能性を要約して述べ、本人に承諾するか直すかしてもらいます。クライアントに抵抗感があるようなときは、観察して気づいた点を伝えるようにします。さらに、コーチングのこれまでの進捗を示すことで、クライアントの行動と成長をより確かなものにします。

これらの内省を促す発言は、ある方向へ導くためではなく、クライアントが自身の思考を明確にして評価できるようにするためのものです。

このように、内省を通して、コーチはクライアントが自身の言葉や表現について深く考えるように仕向けます。クライアントがたとえむきになったり不快になったりしても、その反応をコーチは受け入れます。クライアントがコーチの意見を受け止める際に、安心してありのままの自分でいられる環境があることが、本人の成長には非常に重要です。

ジョン・デューイは、私たちの教育制度を変えるのには成功しなかったかもしれませんが、人の思考をどう育てるかを示した業績は、熟練のコーチたちの仕事に生かされています。

コーチングとは、やみくもに応援することではない

難局を切り抜けようとして考えに詰まったとき、私のほとんどの知人は言います。誰か相談に乗ってくれたらいいのに、と。

人に話すことで、目的達成には何が有効で、何が阻害要因なのかが見えてきます。ありふれた励ましの言葉は要りません。「頑張って」といった類の言葉は、高い目標を持っている人には特に、ばかにされているように感じられるものです。

実際、**良いコーチングはいつも心地良いものとは限りません。**迷いが生じ、困った状況に陥った――自分の考えや想定が揺らいだ――ときこそ、学びがある場合が多いのです。

デューイも、学ぶ過程で疑念を持ったときの不快感に触れています。予想もしていなかった事実や困惑するような意見、鋭い質問が、自分が信じていたものを崩壊させます。そこから、学びが始まるのです。崩壊を味わうのは必ずしも気持ちの良いものではありませんが、時間が経てばたいていは、新たな見識を得たことをありがたく思うのです。

例として、私のかつての上司について話しましょう。

私の心が読める並はずれて鋭い眼力を持った人で、私が何に駆られているのか、何を心から求めているのか、どんな障害を自ら頭の中に築いて行き詰まっているのかを見抜いていました。彼の質問は私の思考の壁を打ち砕き、それにより私は自分の盲点に気づきました。それは多くの場合つらい経験でしたが、おかげで仕事の仕方を改める必要を自覚できました。

あるとき、私が同僚たちの無力さと自分が背負った多大な仕事に怒り心頭に発していると、その上司が声をかけてきました。

「君はみんなに不満を持っているようだね」

その言葉について私がしばし考えていると、上司はさらに言いました。

「誰かお眼鏡にかなう人間は、いつか現れるのかな？」

私は言葉を返すことができませんでした。

自分の席に戻り、私はいつも他人の欠点ばかりを見ていなかったかと反省しました。そのような癖が長年、周りとの人間関係をどれだけ損ねてきたかに気づいたのです。上司は一つの意見と一つの質問だけで、私に自分の癖を直視させせました。私が職場で以前のような人づきあいをすることは二度とありませんでした。

上司から観察に基づいた意見と質問を投げかけられて、私は立ち止まり、自分の考え方に疑いを持ったわけですが、これはひどく不快なものでした。不快感の中で、私は、他より優れていると示したいがために周りと距離を置いていた自分に気づきました。

「私はリーダーになりたかった。それなのに、不平ばかり言う人間でしかなかった」

この耐えがたい事実に気づいたおかげで、私は周囲とより良い関係を築いて働き、いつかリーダーとなるための方法を学びました。

最良のコーチは、私たちに自分の論理の欠点に気づかせてくれます。知っていると思っていたことに迷いが生じた時点で、学びがあります。それこそが良いコーチングです。

クライアントが考えを整理しようとして、聞き役しか求めていない場合であっても、コーチは相手に関心を持ってパートナー関係を築き、クライアントがより広い視野で自身や世の中を見られるようにできます。デューイの思い描いた方法を使って、このプロセスを上手に進めるのです。

私たちはコーチングの本来の目的から遠ざかってしまった

私は大学院で成人教育と教育設計を学び、二つ目の修士号を取りました。教授が当時、教える立場の者は、どこを試験に出すか学生に必ず伝えて彼らが勉強に集中できるようにしなさいとおっしゃったのを、今でも覚えています。

そのクラスでA評価を取りたいと思っていた私は、これを聞いて大喜びしました。学んだことを卒業後どう生かすかは頭にありませんでした。Aのためだけに勉強したかったのです。今でも私は、教えた範囲で試験をすべきだと思います。とはいえ、世界中のコーチング教室で、資格取得の勉強だけに専念したいと思う人たちは増える一方です。勉強の主眼が試験に向かい、クライアントに向いていないのです。

ＩＣＦがコーチングの正当性を確保しようと、データ中心の説明をしてきたことが、かえってコーチングの目的を見えにくくしているようです。評価者の主観を制限するために根拠に基づくのは大事ですし、コーチの行動や態度に関する詳細な説明も、トレーナーやメンターの人たちには役に立つでしょう。けれども、さまざまな具体的な要件を伝えた結果、コーチングにあたかも公式があるように受け取られてしまいました。コーチングを理解しやすくしようとして、コーチングの精神が見失われてしまっているのです。

ICFが定めた「能力水準（コア・コンピテンシー）」は、とるべき行動のチェックリストでは決してありません。これらの能力水準をつくったときに、私はICFの指導部にいました。その際に重視したのは、人が自分の内面から学び取り変化する経験です。

能力水準のとおりに進めるべきなのは、コーチングの初めと終わり――会話の方向を決めるときと、責任を持って会話を締めくくるとき――に関するものだけです。残りの能力水準は、コーチがいかにしてクライアントに全身全霊を傾けるかを説明しており、コーチがその場に合わせて取り入れればよいのです。

大事なのは、クライアントが話し、表現するものを、勝手な評価を加えずに、しっかりと受け取ることです。そうすれば、コーチは相手の意図や意味に十分に興味を持てるはずです。ある一つの正しい方法があるわけではありません。コーチングとは、コーチとクライアントのあいだに自然発生的に生まれるやりとりなのです。

コーチングの能力水準とは、クライアントの自己発見を促すための枠組みを定めたもの。コーチングにおける発言や質問のチェックリストではない。

初期のＩＣＦリーダーたちは、コーチングが世の中のためになると信じて、これを専門的職業として確立しようとしました。

重点を置いたのは、注目され、尊重されているとクライアントが感じられるような、思いやりがあり安心できる関係性をコーチが築くことです。そのうえで二人が到達したい目標について合意できれば、コーチは相手に関心を持ちながら自然と会話を進められるはずです。記憶の中のリストや事例や公式を引っ張り出す必要はありません。２０２０年版のＩＣＦの能力水準が、創設者たちの思いをより反映した内容に更新されて、私はうれしく思います。

コーチングは、内省して質問をするだけではありません。コーチは、クライアントとのあいだに信頼のきずなが徐々に深まるよう努力する必要があります。そのような関係性がなければ、ともに考えるパートナーにはなれません。勇気や思いやり、好奇心を持ちつつ、クライアントの可能性を信じられれば、能力水準に見合った力を発揮できるはずです。

コーチング学校で私が最初に受けた講義で、ＩＣＦ創設者のトマス・レナードは、人をどうコーチするかは、現場に出て実際にコーチングしてみないとわからないと話しました。それではどうしたらいいのかと私たちは訴えました。彼は、この講義が終わるころには君たちはコーチングを始めるのに十分学んでいる、あとは「とにかく相手を愛しなさい」と話しました。

私はこのアドバイスを20年間、大切にしてきました。ほとんどの場合、クライアントも私に愛情を投げ返してくれます。

コーチングについて語るとき、私は技術だけでなく、その精神についても常に語りたいと思います。**この本は、コーチングを使うすべての人の手引きになるように書きました。**あなたがどんなコーチング学校に通っていても、どんな資格を持っていても、どんな役割を担っていても、関係ありません。

第2部ではコーチングの効果を上げるための基本的手法について説明します。第3部は、コーチングの力が増大する関係性のために不可欠な脳内習慣の話をします。

何を聞いて何を言うべきかを列挙したリストは、この本にはありません。その代わりに、この複雑かつ不確かな世界で、人がともに学び成長する可能性を広げるにはどうしたらよいのかがわかるでしょう。この本を選び、この旅路に出ようと決心してくれた読者のあなたに敬意を表します。

第1章

コーチングが持つ力

What Makes Coaching the Person So Powerful?

自分の考えが自分のルールになる、良くも悪くも。

――ジョン・デューイ

今やコーチングのスキルは、グローバル企業のリーダーに必須の能力となりました。そのために企業が外部のコーチを雇うときは、資格の有無をたいがい問いますが、その資格が何を保証しているかを知っているかどうかはまた別の話です。

一般の利用者のあいだでも、コーチングに対する評価が高まっています[01]。しかし残念ながら、連邦取引委員会によると、コーチングを受ければ収入が激増するという「ビジネスコーチングコース」を売りつけられ、たいそうな無駄金を使ってしまう人もいるようです[02]。コーチを雇う人たちが世界中で増加する中、コーチやそのプログラムがプロの水準に達しているかどうか人々が見極められるよう、私たちはいっそう努力しなくてはなりません。それが専門的職業としてのコーチングの発展につながります。

コーチングが支持され発展し続けているのは、ひとえにコーチングが実際に役立つからにほかなりません。人に影響を及ぼし、やる気にさせるのにコーチングほど効果的な方法はほかにありません。

コーチングが役に立つとき

ほとんどの人は、コーチングをジョン・デューイの業績に結びつけようとしません。コーチングの由来は、コーチング学校の創設者たちや、ジョン・ウイットモア卿やカール・ロジャーズの教え、神経言語プログラミングの教師たち、あるいはお気に入りのリーダーシップの教科書にあると思っています。

これらの人々や書物はすべて、コーチングのさまざまな手段を教えてくれます。しかし、その手段の有効性については、現在のコーチングの師匠たちが生まれるよりずっと前に、ジョン・デューイが著書の中で明示しています。

コーチングに価値があるのは、人が自分一人の力では考え方を転換できないからです。どんなに自分は論理的だと思っていても、場当たり的な判断にさえ理屈をつけてしまうのが、人間です。しかもその判断がうまくいかないと、ほかの何かや誰かのせいにしてしまうのが上手です。

ダニエル・カーネマンが著書『ファスト&スロー』で述べているように、私たちは自己分析を嫌い、感情的になると特にその傾向は強まります。自力ではうまく変身できないのです。

有害な思考パターンを一時停止させるには、誰かに自分の考えを再現してもらい、なぜそんな考えをするのか内省するための質問をしてもらう必要があります[03]。一人でこねくり回してきた話が、他人の言葉や質問によって、まるで目の前に開かれた本に書き出されたようにはっきりと見えるようになり、分析できるのです。

このように外部の力を使って思考を広げるプロセスは、子どもと同じくらい、あるいは子どもより大人のほうが必要です。年をとるほど思考は硬直化します。自分の気持ちに向き合わずに行動を正当化し、信条を肯定してくれる材料探しがどんどんうまくなります。同調圧力から距離を置こうともせず、せわしなく立ち回るばかりで、立ち止まって思考や判断を検証しようともしません。

デューイは、**内省的探求は人を学びに向かわせるだけでなく、固定観念や偏見にも光を当てる**と言いました。その人の考えや思い込み、恐れ、欲求、葛藤を表面化させます。こうした経過をたどることで、どんな決断や行動をすべきか前よりも正しく判断できるようになります。

彼は、こうも言いました。人に内省に向かって踏み出させることは、「間違った考えや融通の利かない態度を直す、唯一の特効薬だ[04]」。

内省的探求に意欲的に取り組むと、「私が自分に対してこんなことができるとは、すごい」と思ったり、「これは私の言葉ではない。ほかの人が私に言った話だ」と思ったりもします。自分の話を客観的に観察できるようになるからです。

内省したあとにコーチから質問を受けると、私たちは立ち止まって自身の考えや行動に対し、疑いの目を向けるようになります。この外からの働きかけが、自身と周りの世界に対する見方を変える、または少なくとも問題のとらえ方を変えるきっかけとなります。進むべき新しい道が見え、アドバイスに従うときよりも強い気持ちで行動を起こそうと決心できるのです。

内省を促す言葉により、人は自分が言っていることを客観的に考えられるようになる。それに続く質問が決め手となり、事態を打開し新たな行動を起こす気づきが生まれる。

さらにデューイは、最も賢い人たちこそ、内省には助けが必要だと言いました。頭のいい人は自己弁護がうまいのです。自分の論理を心底信じ、自らの意見こそ確かな真実だと言って執着します。そんな人たちに変われと言っても時間の無駄です。人の手を借りた深い内省と質問が、利口な人たちに自分の思考に疑問の目を向けてもらう唯一の道です。

リーダーシップの専門家ハル・グレガーセンは、人生でもビジネスでも、思いもよらない変化の可能性は常に身近なところにあると言います[05]。

私たちは、知っている世界のさらに向こうを目指さなければなりません。この探求を自らやるのは難しいですが、内省的探求に導いてくれるコーチを使えば、日々の問題に際してよりうまく道を切り拓くことができるでしょう。

コーチングを受けると頭がどう働くか

私たちは毎日普段どおりに過ごせるよう、物事に対する考え方やルールをつくって、無意識にそれに従っています。認知神経科学者のマイケル・ガザニガは、人間はお決まりの思考回路にはまりながら、自分では意識的かつ意図的に行動していると思っていると言います［06］。

自分をくすぐっても笑うことができないように、私たちは思考や反応を自己分析できない。

そして、自分の判断について誰かにいきなり問われると、自身のアイデンティティーや慣習を固守しようと、すぐに防御的になります。考えに対して異議を唱えられると、腹を立てて反応します。自ら進んで他人の評価を受けようと思っていない限り、私たちは自分の考え方を守り抜くために壁を高く築くのです。相手の言っていることに理があっても非を認めず、自らの信念に理屈をつけたがります。

考え方を変えるためには、誰かと一緒に思考を検証する機会が必要です。そうしてようやく、私たちは反射的な防御反応を抑えられます。お決まりの思考回路を止めるには、他者の介在を受け入れなくてはなりません。

コーチをつけてみてください。コーチングを使えば、外から介入されて立ち止まらざるを得なくなり、自分の思考や行動を検証できます。考え方の欠点を誰かにいきなり指摘されれば、抵抗したくなります。しかし、コーチングの価値を知っていれば、自ら進んで欠点を探そうと思えるのです。

コーチングか助言か

人から相談を受けたとき、多くのリーダーは、コーチングよりも助言するほうが手っ取り早いと考えます。しかしそれは、時間の節約どころか無駄です。

助言をすると、相手の脳の認知機能が働き、自分の知識の範囲でリーダーの言葉を解釈しようとします。助言の内容が知識と合致したり関連づけられたりしたら、相手は同意するでしょう。その人は、行動する前に人に追認してもらって、自信を持ちたかっただけかもしれません。

助言は人の行動を導くのに効果的な一面もあるかも知れませんが、リーダーの答えや承認なしには行動できなくなる危険も生じます。これでは自分で考える人間は育ちません。

相手がそもそもリーダーに助言を求めていなかったら、効果はさらに期待できません。リーダーの言ったことに一時は耳を傾けても、短時間で忘れてしまいます。

認知をつかさどる脳の部位は短期記憶をつくりますが、記憶の容量も保持する時間も限られています。優先順位が高いほかのものによって、リーダーの依頼や意見はその場所から押し出され、忘れ去られます。私たちは朝に何を食べたかをよく思い出せなかったりしますが、人に言われたことはなおさらそうです。仮にその日は覚えていたとしても、一晩寝ると忘れます。

脳はその日に起こったことを睡眠中に整理して、どれを長期記憶するかを決めます。感情が伴った情報は重要だと認知するので、気持ちを動かされた話は部分的に残ります。リーダーが相手をハッとさせるか、独自の視点で衝撃を与えない限り、その人は翌日には忘れているでしょう。もしくは、覚えているかもしれないけれど、思い出そうとしたときに細かいところを取り違えます。記憶は思い出すたびに変形していくのです。

小学校でテストをたくさん受けましたよね。今どのくらい解けるでしょう？　一生懸命覚えてもそれを使い続けない限り、記憶は抜け落ちます。覚えておく理由がないからです。

人に助言しても、短期記憶にとどまるだけで、効果は望めない。

認知をつかさどる脳の部位は問題解決に向いているかもしれませんが、学習にはそれほど向いていません。そのうえ、従業員がリーダーに答えを求める癖がついてしまえば、自分で考えなくなります。これは、顧客と長期間つき合いたいコンサルタントには好都合かもしれませんが、自分で考える人を育てたいリーダー、または親、先生、コーチにとっては最善の策とはいえません。

コーチングか脅しか――フィードバックの神話

人は脅しを受けると、守りの姿勢をとります。脅しには、相手の欠点を指摘するフィードバック、指示、そして指示に従わなければどうなるか伝える、といった要素が含まれます。こうした脅しに従うと、人はフィードバックとともに示された指示を絶対に実行すべきものとして頭の中にしまい込みます。
恐怖が下地にある学習は、生き残りのための脳の原始的反応と直結します。似たような場面に直面したとき、周囲の環境条件が変わっていたとしても、彼らは「従わなければどうなるか」の脅威を回避し、正しく行動した報いを得ようと動きます。異なる対応をしたほうがいいと言われても受け入れないでしょう。恐怖を通じて学んだ行動を変えようとはしないのです。

恐怖が下地にある学習によって、人の行動はワンパターン化する。
彼らは変化が起きてもかたくなに態度を変えようとしない。
生存本能に直結した学びでは、思い切った行動や機敏な反応ができなくなる。

さらにいうと、フィードバックはしばしばストレスや羞恥心、恐怖を生みます。リーダーが有益な情報を伝えたとしても、相手はしばしば防御的になったり自信を喪失したりして、新機軸や革新を生むチャンスを滅失するのです。

ハーバード・ロースクールのシーラ・ヒーンとダグラス・ストーンの両教授は論文「Find the Coaching in Criticism（批判の中からコーチングを見つけ出せ）」で、リーダーとフィードバックを受ける人双方の役職や経験の長さに関係なく、相手のためを思って言った意見でさえも、「感情的な反応を引き起こし、二人のあいだに緊張をもたらして、意思疎通をできなくする」と書いています[07]。人は学び、成長したいと願っていますが、同時に人間の基本的な要求として、受け入れられたいと思っています。**フィードバックは、求められていないときは特に、相手にとっては苦痛です。**

私がコーチングをしているリーダーたちは、それでも従業員というものは上司からのフィードバックを求めていると話します。しかし、部下たちに私が面談すると、より成長したいけれどどこれ以上のフィードバックは要らないと言います。彼らは、何が悪かったかを一方的に言われるより、双方向の会話をする中で自分のアイデアを引き出し、より大きな可能性に気づけるようになるのを望んでいます。

残念ながら、コーチングはフィードバックとよく勘違いされます。フィードバックが好意的に受け止められたとしても、続いて代替策を指示すれば、コーチングではなくなります。もっと良い結果を生むために何ができるかを自ら考え決断させるのがコーチングです。

「何をすべきかまったくわからないから教えてほしい」と求められた場合でない限り、フィードバックをしたところで、相手は抵抗するか、おとなしく従うか、のどちらかです。その人の精神的な成長をあと押しすることはなく、阻害するだけです。

長期記憶に働きかける

人の行動変化を生み出すには、あなたの言葉を読み取ろうとしたり生き残りを考えたりさせるのでなく、クリエイティブなマインドを持つよう働きかける必要があります。

そのためには、何が悪かったかをあなたから話し始めてはいけません。ある状況について振り返ってもらうと、何がいけなかったのか、本人はたいていわかっています。人は自分の最も厳しい批評家であるものです。

まずは自分の行動を評価してもらいます。何をどう変えたらいいかアドバイスを求められるかもしれませんが、その場合も、あなたの考えを伝えるより前に、相手に考えてもらうほうを優先してください。

長期記憶されている知識に働きかけ、新しい方法を考えさせることによって、人は責任感と勇気というポジティブな気持ちを持ちます。改善策の話し合いをフィードバックではなくコーチングの手法で始めれば、相手は防御的にならず、創造性を発揮するでしょう。

コーチとの会話を通じて内省的思考をめぐらすことは､気づきに基づいた学習を促します。質問に導かれる形でその人は記憶の中から情報を探し出し、新しい視点でつなぎ合わせ、創造的な考えを生むのです。内省する中で自分の考えや信条、感情的反応が明示されると、自分の思考のあり方について検証しようとします。理屈や言い訳のほころびが見え始めれば、頭の中ですぐさま知識をつなぎ換え、より筋が通るようにします。そこで、なるほど、そうか！　と思うような気づきを得ます。概念が一変し、自身や周囲の世界について新しい視野が拓けます。気づきに基づいた学習は、人の気持ちを前進させ、自信をつけさせるのです。

内省を促す言葉と質問を駆使してその人の思考を検証することから、創造的なブレークスルーが生まれます。検証によって、自意識や周囲に対する見方を支える自尊心という壁を砕くのです。

相手は一瞬、世界の見方や意味づけが変更されて思考が止まり、にらみ返してくるでしょう。新しい真実を最初に目の当たりにしたときは感情的に反応するかもしれませんが、じきに気づきに至り、はっきりと事態をつかめます。新たな気づきを確かにするために、今何がわかってきたか、どう思っているかを言葉で表現してもらい、変化をあと押しするのです[08]。

職場の人間関係が悪くなり、行き詰まったときを思い浮かべてください。席に座ったままこれまで交わした会話を思いめぐらしても、解決の糸口を思いつくことはなかったでしょう。誰かが言ってくれた言葉や、投げかけてくれた質問のおかげで、新しい対処法を思いついた場合のほうが多かったのではないでしょうか。

信頼する人に問いただされて守りを突破されたとき、長期記憶の中の知識は否応なしに整理し直されます。論理の破綻を感じる少しのあいだは、きまりが悪く思います。この不快感の最中が、最も学びやすい状態です。新しい、より広い視野がつくられます。以前は真実だと思っていたものを失い、悲しんだり怒ったりさまざまな感情が行き交うでしょう。無防備な気持ち、恥ずかしさ、恐怖さえ感じるかもしれません。私のクライアントたちはよく、一瞬言葉を失います。それから、見えてきたことに気づき、笑い飛ばします。

内省的探求を用いたコーチングはより充実した結果をもたらし、本人の満足度も上がります。人は失敗を一方的に指摘されるより、双方向の会話からアイデアを引き出し、より大きな可能性をつかみたいと望んでいるのです。

方向転換が極めて重要なときがあります。しかし、クライアントが何をすべきかわかっているのに、それをしていないのなら、意見や助言をするのでなく、何が実行をさえぎっているのかを探る会話が必要です。

CASE STUDY

私が以前受け持ったクライアントは、会議で同僚たちに無礼な態度をとっていました。彼女の上司はその点を本人にフィードバックしてみましたが、理解してもらえませんでした。

彼女は昇進を望んでいましたが、上司は、彼女が同僚から敬意を持たれないかぎり応じないつもりでした。

彼女は行動を改めた部分もありました。会議で同僚たちを公然と批判するのをやめたのです。しかしその代わりに、自分と対立する意見を同僚が言うと、目をぐるりと上へ向け、ため息をつくようになりました。腹を立てた上司は、私に彼女のコーチングを依頼しました。

まず本人がコーチングを希望するか確認してから、同僚たちの意見で何が気に障るのかを探りました。あるとき、彼女はいやみっぽく言いました。「あの人たちの言うことはいかにもラティーノ（訳注・アメリカ在住の、中南米出身者やその子孫）らしくて」。その見解に基づく彼女の考えを内省する形で会話を進め、同僚たちの意見がなぜ間違っているのか聞いてみました。

そこから会話は、リーダーシップにかかわる文化論に展開しました。彼女はドイツ出身で、中米に2年間住んだ経験がありました。ようやく彼女は、こんなことを口にしました。「リーダーは、効率性を最も重視すべきだと思う」

私は彼女に、同僚たちはリーダーに何を求めているだろうと聞きました。彼女は、従業員が一緒に楽しく働けるような関係だろうと、しぶしぶながら認めました。

それから、彼女の価値観や考えを同僚のそれと比べながら解き明かしていくうちに、彼女は、自分の見方を押しつけても受け入れられないとわかったと話しました。でも妥協はしてくれるかもしれない。もっとよく会話をすれば、彼らが求めているものを自分も取り入れられるかもしれない、と話が進みました。そうして、同僚たちが彼女に対する否定的な見方をやわらげ、ともにブレーンストーミングできるような関係をつくるために、彼女が行動をどう変えられるかについて話し合いました。

さらに彼女は、同僚たちの信頼を改めて得る必要性にも気づきました。そこで、一対一で会って関係を立て直すと決めました。彼らが食事を一緒にするのが好きなのを知っていたので、昼食をとりながら会うことにしました。より良い仲間になるために何をすればいいか、素直に聞こうと考えたのです。

上司のかつてのフィードバックは、彼女に行動を変えた「ふり」をさせただけでした。しかしコーチングは、本人の観点をがらりと変えることに成功し、それによって彼女は目的達成のために何をすればいいか自身の力で見つけ出しました。

価値観によってリーダーシップ像がいかに違うか、相手を自分に合わせさせるより本質的なものは何かを考え直し、それによって態度を根本的に改められたのです。

いつコーチすべきか、すべきでないか

会話をしながら相談を聞き、メンタリング（訳注・個別相談や指導）をする「ハイブリッド・コーチング」をしましょうと言うコーチは少なくありません。

彼らは、自分たちの意見や経験に基づいた有益な話をクライアントが求めていると言います。そして、クライアントの考えを聞きながら、何をすべきかを助言するのです。

ハイブリッド・コーチングというものはありません。

コーチングをするときは、それ以外のことはしません。コーチング以外のことを相手が求めているときもあるかもしれませんが、いつもそうとは限りません。

ただ質問するだけでは時間の無駄だと話す有名なコーチたちは確かに存在します。彼らは、自分たちが助言をする理由をかたくなに主張します。

ただ質問するだけでは時間の無駄になる、という点は私も同感です。コーチングではほかにも、相手の言葉を要約したり、その人の感情の変化を察知したり、勇気ある行動を認めたりといった、内省のきっかけとなる手法を使います。内省は、質問だけの場合と同等、また

はそれ以上の影響力を行使します。

ハイブリッド・コーチングは、コーチングの価値を薄めます。当人がコーチングと呼ぶものに、助言や解決法を入れ込むと、クライアントは楽な道を求めるようになります。あなたの助言を期待するようになります。助けになるかもしれませんが、もし相手が本当に望んでいた、もしくは必要としていたのがコーチングだったとしたら、ブレークスルーと成長を生み出すこのパワフルな技術を体験する機会を逸したことになります。

相手がコーチングしてほしくない、または必要としない場合もたくさんあります。**その人が何をしてほしいのかをまず確かめることが必要です。**そして、あなたがするのは何なのか、つまりコーチングなのかそれ以外なのかを区別して相手に伝えてください。

「コーチングを受けたいか」をまず明確にする

以前、私がただ話したいだけだったときに同僚がコーチングをしようとしたので、私がそれを封じたことがありました。「コーチングするのはやめてちょうだい。今はただ友達でいてほしいの」。この経験から、私自身も過去に出しゃばって友達をコーチングしようとしたことがあったのに気づきました。

正式なコーチングの場以外では、相手に少しコーチングを受けてみたいか聞いてから、立ち入った話をしてください。たとえば、「今、何をしてほしい？」と聞いてみてもいいでしょう。相手はただ聞いてほしいだけかもしれません。ある状況について憤慨していたり、何かを失って悲しみに暮れていたりするときは、特にそうです。

コーチングを受けたいと言われたとしても、あなたと本気で取り組むつもりがあるのか確認すべきです。相手は考えを承認してもらいたいだけで、思考や動機に対して自ら疑問の目を向ける用意があるとは限りません。たとえば、進行中の計画についてあなたに聞いてほしいけれど、計画の目的や実現性、不測の事態についてコーチングしてもらいたいわけではないかもしれません。

言葉を通して物事を片づける人がいます。誰かに話しているときに頭が最も冴えるタイプの人です。現在の状況をじっくり考えたり選択肢を整理したりしたいだけだと相手が言ったら、自分がどんな反応をすれば役に立つか聞いてみてください。話を要約したり言い換えたりする軽い内省が喜ばれるかもしれません。相手の話に立ち入る前に確認してください。

あなたがどんなに優れたコーチであっても、相手がコーチングに取り組みたいとはっきり意思表示をしたうえでなければ、効果はない。

ただし、相手が身構えたからコーチすべきではないとは即断しないでください。抵抗または躊躇している理由を聞いてみてください。慎重になっているだけで、今やっている以外に何ができるか追究したいと思っているのかもしれません。

次に、「コーチングが正しい選択肢か」を確認する

新しい見地を探し出せるまでの経験や知識が不足している人も、ときにいます。手がかりが何もないところにコーチはできません。これは実際にあるケースなので、注意してください。

何をすればいいかまったくわからないと言われたら、何も頭に浮かばないのか、それとも頭に浮かんでいる方法を疑問視しているのか聞いてください。私の経験では、何をすればいいかわからないと話す人は、たいてい実はわかっています。彼らは解決法を知っているけれど、実行するのに不安があるのです。

そのような場合、私はこんなふうに聞きます。「たくさんの人生経験をお持ちですよね。きっといくつか考えが浮かんでいるのではないですか」とか、「何も失うものがないのであれば、やってみたらどうでしょう」とか、「同じような立場や状況にいた人をご存知ありませんか。その人がとった行動を試す、または反対の行動をとってみるのはいかがでしょう」。

それでも相手の頭に何も浮かばないようだったら、立場を助言者に変更して、意見を述べましょう。

コーチングが最も効果を発揮するのは、クライアントが何らかの知識とスキルはあるが、どの選択肢をとるべきか、最初に何をすべきか、何が不安要素なのかがよく見えていないときです。

決断を迫られているが、さまざまな「すべきこと」が脳内にあふれ混乱していたり、間違った方向へ進んだらどうしようと不安になったりしているときに、コーチングは役に立ちます。

まずはコーチングから始めてみて結構です。何をすべきか判断するための経験や知識が相手にまだ伴っていないとわかったら、コーチングをやめて、助言をするのでもよいか聞いてみましょう。

覚えておいていただきたいのが、コーチがほかと違うのは、パートナー関係を築く点です。コーチはともに考えるパートナーです。クライアントは決して、対処能力に欠けた人ではありません。彼らはたいてい、コーチとの会話を通して障害を乗り越えた先を見据えることで、創造力と機知をもって自分の問題を解決できます。

私はコーチングのスキルを教えるとき、生徒たちに「コーチに必要なことを深く知る人になりたくはありませんか？」と聞きます。助言をする専門家や仲介者、介助者の領域の外へと踏み出さなければ、コーチにはなれません。

コーチングをしないほうがいいとき

次のことができるか自分で確認します。できないときはコーチングをしないでください。

1―会話をうまく進めたいという思いから離れる

クライアントに問題を解決できるようになってほしいと思っても、会話がどう展開するかとか、どんな結果にたどり着くかを気にしてはいけません。気にしていると、自分が望む方向へ会話を進めてしまう結果になります。

2―クライアントは解決策を見つけ出す力があると信じる

クライアントに対して何らかの決めつけをしていることが、コーチングの邪魔をしていませんか？　解決の糸口を見つけるクライアントの力を疑問視するなら、コーチではなく助言者に回ること。そうしないと、いくらポーカーフェースをつくるのに慣れていても、じれったいと思う気持ちがクライアントとの会話に悪影響を及ぼします。

3 ― 希望と関心、そして思いやりを持つ

コーチが腹を立てたり失望したりすれば、言葉にせずともクライアントはそれを察知して、余計に反発します。会話がうまく進まず心配になったら、その不安をできるだけ解き放つよう努め、前向きかつ楽観的な状態をつくり出してみてください。

どんな会話でもコーチングになるわけではありませんし、そう考えてコーチングすべきでもありません。相手が何を望んでいるかをよく見極め、コーチングをするのか、それ以外のことをするのか決めてください。

コーチングをするのに理想的なとき

仕事でもプライベートでも、相手に次のような望みや不安がある場合に、コーチングする機会はしばしば訪れます。

・より良いコミュニケーションをしたい
・自分の中の葛藤や周囲とのあつれきに悩んでいる
・難しい相手や厳しい環境の中でもなんとかうまくやっていく方法を見つけたい
・職場や家庭での人間関係を確立したい
・私生活でも仕事でも、何をやりたいのか、何を達成したいのかを明確にしたい
・ストレスと健康をうまく管理して、力を最大限に発揮したい
・難しい決断をするにあたり考えを整理したい
・さらなる充実感と成功を味わいたい
・仕事や人生に起こった変化に対処したい
・組織、そして世界において、変革を起こすような指揮力を発揮したい
・チームの業績アップをあと押ししたい
・管理職が協力し合える態勢を整えたい
・企業文化を変えたい
・従業員の組織に対する関わりを深めさせたい
・新しい役割の担当や引き継ぎにあたり、今後どう成長していきたいか明確にしたい

従業員とのつながりを強め、良い関係を築くためにもコーチングは使えます。

『ハーバード・ビジネス・レビュー』に掲載された調査によると、若い優秀な社員は、メンタリングやコーチングを十分に受けていないとよく不満を感じているそうです[09]。彼らに会社に向き直ってもらうには、彼らが将来に何を望んでいるかに関心を持ち、目の前の課題をクリアするために何を必要としているかを聞いて、その反応に耳を澄ますといいでしょう。彼らは、技術的な面だけでなく、精神面でも成長できるような会話を望んでいるのです。

コーチングが成功するためには、典型的なコーチングでは何を行うのかをクライアントが知っていることが必要です。通常はコーチングを始める際に、今後の進行について話します。最良の結果を得るには、次のようなことをするようにクライアントに伝えるのも大事です。

1 ― 内省を促す言葉と質問を向けられて、居心地が悪く感じても、応じる（ブレークスルーのためにはこれが最高の機会なのです！）

2 ― 見物人のような気分でなく、主体的に取り組む

3 ― 気持ちを解放して、正直かつ前向きに取り組み、わからないこと、または周囲の人や状況、自分自身についてわかっていることについても、内省的に探る

4―次のセッションまでにやるべき課題は確実に実行し、緊急事態がない限り、予定のセッションを受ける

5―セッションが終わった直後と、次のセッションの直前に、コーチングで交わした会話を思い返す時間をつくる

コーチングは社会に大きな役割を果たせます。人が困難に直面したり迷ったりしたときにもっと広い視野で見られるように力を貸すことができますし、さらに先へ進みたいと願うときには明瞭な視野と方向性を持てるような手助けも可能なのです。

第2章

コーチングにまつわる迷信

Crazy Coaching Beliefs

公式かお手本に従っているあいだは、
本当のコーチングをしているとは言えません。

――マーシャ・レイノルズ

コーチやコーチング学校、資格認定機関の中には、ＩＣＦが定めた「能力水準」をまったく参考にしなくても、すばらしい成果をあげる人たちがいます。どのような理論に基づいているにせよ、彼らが主に内省的探求に従っているのなら、私はその方法を支持します。コーチングの本質はこの本に書いてあるとおりで、そこから外れていない限り、彼らの理論や手法についてとやかく言うつもりはありません。

これだけが正しいというコーチングはないのです。クライアントが自らを見つめ直し、そこから洞察を得るようにコーチとして導いているのなら、私たちは同じ考えを共有しています。クライアントとの会話で、平静を保ちながら答えを少しずつ探っていけるコーチであれば、ＩＣＦの能力水準では賛同できなくても、コーチングの力を同じように信じている同志だと考えます。

一方で、世の中には、私たちの仕事を軽んじ、この職業を中傷する考えや偏見が出回っています。ある種の思い込みから、クライアントとの会話にコーチングの手法を用いないコーチがいます。また、厳密なルールに従った質問や手本どおりの手順でなければ良いコーチングはできないと思って、伸び悩むコーチもいます。

世の中にはコーチングに対する根拠のない批判や決めつけ、思い込みが広まっている。

コーチングの価値を損なう迷信は、少なくとも5つあります。それらは正しいときもありますが、原理原則のように扱うとコーチングの効果をかえって薄めます。

それぞれの迷信について説明しながら、代わりにどう考えればクライアントと良い関係を築けるかを述べたいと思います。

迷信その1：コーチングに熟練するには長い時間がかかる

迷信の出どころ

コーチになりたての人は、ベテランコーチのデモンストレーションを見るのが好きです。デモンストレーションを終えたベテランコーチが、どのようにコーチングを進めたか——どんな手がかりを見つけたか、相手のどんな矛盾や感情の変化、繰り返される言葉に気づいたか、相手のどんな考えが重大な障害になっていたか——をいくらかみ砕いて解説しても、新米コーチたちは、今見たセッションを魔法のようだと言います。

何千時間も練習を積んできたコーチのお手並みを拝見すると、おじけづいたり心配になったりします。コーチングの技能の高さに萎縮し、同じレベルに達することは到底できないと不安になるからです。

特に先輩コーチが見学者のレベルを考慮に入れていないと、デモンストレーションは学習の機会というより、コーチの技を誇示するだけになりがちです。見学者はすっかり気後れして、「上手なコーチ」になれるまで自分はコーチングができないと思い込んでしまいます。

コーチングの資格取得を目指している人は、デモンストレーションの見学のほかに、先輩のメンタリングを受けなければいけません。メンタリングはグループでも一対一でも、フィードバックを伴います。

前の章で述べたように、フィードバックは受ける側にとってはストレスになり、自信喪失につながるときがあります。メンタリングは本来、新米コーチの助けになるものですが、学習の道のりは長いと気落ちさせてしまう場合もあります。

迷信の中の真実

クライアントの考え方を解きほぐしていくのは、時間がかかる作業です。コーチは新米でもベテランでも自分が役に立っていると実感したいので、クライアントのバックグラウンドや障害をじっくり探るよりも、解決法を早く見つけようとしがちです。けれども、コーチには落ち着きと忍耐が必要で、安易な選択肢に飛びつこうとするクライアントをなだめる側にいなければなりません。答えが見えない居心地の悪さを進んで引き受けられれば、相手への好奇心を持っているだけで平静でいられます。

資格取得には何百時間ものコーチングが必要です。いきなりコーチングを修得できる魔法の薬は今のところありません。場数を踏むしかないのです。コーチングを極めるには、とにかくコーチングを続け、メンターをつけて成長をあと押ししてもらうほかに方法はありません。

私自身、コーチングを始めて以来、今でも毎年腕が上がっていると思います。数年前も良いコーチだったかもしれませんが、それ以降もコーチングを重ね、生徒たちに教えたりメンタリングしたりすることで、さらに良くなっています。技を磨くのにゴールはありません。

迷信による勘違い、迷信がつくる障害

しかし、「コーチングの訓練を終えて自信を持てるようになるまではコーチングをしてはいけない」という考えは、頭から追い出してください。

私がコーチングを人に教え始めたとき、教える立場にありながら自分の足りない点を嫌というほど痛感したものです。それでも、私の初期の不完全なコーチングを受けたクライアン

トからは、たくさんの感謝の言葉をいただきました。私を信頼して会話を深め、自分の決断と計画に自信を持てるようになったのです。私のつたないコーチングでも、クライアントは自分の価値観や障害をより明確にできました。

いつまでも準備を続ける必要はありません。新米コーチでも、クライアントが決めつけを押しつけられたと感じずに安心して会話できているのなら、十分その人のためになっています。家族やコーチング仲間以外の人に自信を持ってコーチングできるまで待たないでください。ともに考えるパートナーになれれば、どんなクライアントのお役にも立てるのです。

代わりの考え方

完璧なコーチなどどこにもいません。まずコーチングを始めてみてください。そして練習を積み、良いメンタリングを受け、学習をし続けるうちに、上手なコーチングが持つパワーを実感できるようになります。コーチングを続けてこそ、スキルは向上します。

上達したい人は、できれば定評のあるコーチング学校か学習プログラムを通じて、しっかりしたトレーニングを受けるべきだと私は思います。コーチに向いていると家族や友人に言われたとしても、生まれつきスキルを持っている人はいません。ただ、人の話を共感して聞けるのなら、それはすばらしい素質です。この本にある5つの基本的手法が参考になると思いますが、資格のある指導者から学べば、スキルが最もよく身につきます。基本を学習したら、コーチを始めてください。相手に助言しない限り、迷惑をかけることはないでしょう。私のメンターは言ったものです。「コーチングを受けて、死んだ人はいない」

クライアントとの良好な関係性こそが、コーチングに力を与えます。このため、この本では3つの脳内習慣を取り上げ、それによって5つの基本的手法の効果を高めることを狙っています。

コーチのスキルが多少足りなくても、クライアントが安心してコーチングを受けていれば、学びを得られる環境は整っています。クライアントが困難の中にあっても粘り強く自己考察できる人だと信じ、自身の決めつけや不安を排除して、辛抱強さと相手に対する関心、心からの気遣いを持ち続けられれば、クライアントはコーチングの価値を実感できるでしょう。

迷信その2：質問なくしてブレークスルーや気づきは生まれない

迷信の出どころ

内省を促す言葉について教える学校は多いですが、人気の面ではやはり質問に負けます。コーチングとは相手に自由回答を求める質問をし続けることだと教える学校もありますし、リーダーやコーチのための名質問をそろえて人気の本もあります。コーチのデモンストレーションでは、見学者はしばしば何が一番良い質問だったかに注目します。内省を促す言葉に導かれて自省をするくだりを思い出す人はほとんどいません。インパクトの強い質問が称賛を浴びるのです。

迷信の中の真実

良い質問は相手の心の均衡を崩し、その人の思考や信条が正当なのか不合理なのか、考えさせます。相手は、問題について考えるのでなく、なぜ問題と感じたのかを考えるようになります。解決のための選択肢と行動を急いで考えるのでなく、いったん立ち止まって自分の思考や認識を顧みたうえで見方を変え、何をすべきか考えられるようになります。

人の行動には必ず理由があります。理由が間違っていても、人に聞かれるまで本人は気づきません。自分の思考や認識が現状や実現性に照らして妥当なのか、自分だけでは無理でも人からの質問があれば、それを頼りに検証できるのです。

迷信による勘違い、迷信がつくる障害

「コーチングとは、すなわち質問をすることだ」などと言う人を信じてはいけません。コーチングとは探求のプロセスであって、質問をし続けることではありません。探求をす

るのは、自身を批判的に見つめ、自分の論理の穴を見抜き、重きを置いている考えそのものを改めて評価し直し、視点や行動を左右している不安や疑念、希望を明確にするためです。

質問を続けている限り、会話に自分の意見や偏見は入り込まないと考えるコーチがいます。しかし、質問の中にも私見や偏見がまぎれ込み、クライアントを誘導してしまう場合はあります。さらにいえば、完璧な質問をしようと考えれば考えるほど、心はここにあらずの状態に陥ってしまいます。

質問続きのコーチングは尋問を受けているように感じさせ、クライアントと信頼関係をうまく築けません。内省を促す言葉を使わずに質問するだけでは、相手は自然なやりとりとは感じず、公式に沿ってただ機械的に会話が進められているように受け止めてしまいます。

代わりの考え方

質問は、助言の対極にはありません。一方、「内省を促す発言」は、次の章以降でも説明しますが、たとえば、要約する、短く言い表す、クライアントの感情の変化を伝える、などを含み、これらが魔法のような質問より影響力を持つことはよくあります。自分の言葉を誰かの口から改めて聞くのは衝撃的でもあります。それが何年も繰り返し言ってきた言葉だったら、なおさらです。自分とは別の考え方に抱く反発心をコーチから伝えられたり、自分が言ったことの矛盾を提示されたりするのは、刺激的な質問を受けるよりも、頑固な考えの壁を打ち砕くのに有効です。

内省を促す発言を質問に組み合わせると、苦労せずに、より自然なコーチングができます。クライアントの言葉や表現を繰り返していくと、そのうちに、記憶から発したのでなく、好奇心から湧き出てきた質問を投げかけられます。

良い質問を思いつこうと頭を悩ませているあいだは、自分の頭の中に集中して、クライアントに気持ちが向いていません。せっかくクライアントが本当の望みや自分を縛っていた信条や恐怖を話してくれても、聞き逃してしまいます。完璧な質問をしようとするより、その場に神経を集中することのほうが、はるかに大切です。

迷信その3：コーチは「閉じた質問」ではなく「開かれた質問」をすべきだ

迷信の出どころ

「はい／いいえ」で答える「閉じた質問」は、その一言で相手の回答が終わってしまいがちです。コーチングやカウンセリング、司法、ジャーナリズムなど、相手から情報を引き出す職業を志す人たちは、自由に答えられる「開いた質問」をして、できるだけ多くの話を得るよう教えられます。コーチング学校によっては、閉じた質問を禁じるところもあります。

ＩＣＦの資格認定に関わる人たちは、コーチの能力を測る際に、コーチングセッションの中の開いた質問と閉じた質問の回数を数え、前者のほうが多いかを確認するようです。多くのコーチが、閉じた質問は良いコーチングの対極にあると主張し、経験豊富なコーチが閉じた質問をしても、これを否定的に見ます。

回答が一言で終わると、その場で会話はとぎれます。コーチは言葉の継ぎようがなく、居心地が悪くなることもあります。何か言おうと必死に考えるあいだ、ついクライアントの回答を確かめようと閉じた質問を繰り返してしまうコーチもいます。

迷信の中の真実

クライアントと関係をつくる最初の段階で閉じた質問を使うのは、致命的な場合があります。クライアントがまだコーチを信用していなければ、閉じた質問に対して守りの姿勢を貫きます。自分の思考を検証しようとはしないし、信条を探る問いかけからも身をかわすでしょう。コーチに対するいら立ちのほかは、感情を決して表に出さないでしょう。

閉じた質問は、そうとは気づきにくいですが、誘導的な言葉にもなり得ます。クライアントが何をすべきかわかっていると思うコーチは、その見立ての正しさを確かめるために閉じた質問をします。これは質問に見せかけたアドバイスで、このような聞き方になります。

「たとえば……はやってみましたか?」「仮に……をするのはいかがでしょう?」

そのコーチは良いアイデアを持っているかもしれませんが、クライアントが現状を自らじっくり考える機会を奪っています。結局クライアントは、コーチを満足させるためにアドバイスを受け入れるかもしれません。

「誰が」「どこで」「いつ」「どのように」などと聞く「開いた質問」は、一言以上の回答を引き出します。制約のない探求的な問いは、なぜその行動をしたのか、または休止しているのかを相手に深く考えさせます。気乗りの薄いクライアントさえも、開いた質問を受けて、自分の視野の限界に気づくときもあるでしょう。

迷信による勘違い、迷信がつくる障害

とはいえ、このように言う人を信じてはいけません。「閉じた質問をすれば、どんな場合でも閉じた回答しか返ってこない。経験の浅いコーチのやることだ」

燃え尽き症候群で仕事を辞めたクライアントがいました。彼女はしばらく家の修理をしたり、子どもと遊んだり、友人と半年間旅に出たりして、楽しく時間を過ごしました。そのうちに、今度はどうも落ち着かなくなってきました。これから何をしたらいいのか、彼女はコーチに相談しました。コーチは、前職で何が一番好きだったのか、何を二度とやりたくないのかを彼女から聞き取りました。

そのうえで、コーチはこう要約しました。「あなたは有能な人たちと新しいものを創造する仕事が好きで、部下の進路面談には興味がない。そういうことでしょうか?」。彼女は「そのとおりです」と答えました。そして、前職で好きだった仕事についてさらに話し始めました。するとコーチは「こうして振り返ってみて、自分が今どんなものをつくり出したいか、思い浮かびますか?」と聞きました。クライアントは「ええ」と答え、理想的な仕事について話し始めました。そこでコーチは聞きました。「あなたは確かに、新しい刺激的なプロジェクトにチームで取り組むのが好きなのですね。そういう仕事はフリーでもできますが、あなたが語る理想的な仕事の話では、常に組織の中にいることを想定していました。次のステップとして新しい職場を見つけようと、自分ではもう決めているのではないですか?」

クライアントはため息をつくと、決めていると認め、さまざまな不安について語り始めました。三つの閉じた質問が、より深い探求へと導いたのです。

コーチとクライアントとのあいだに強いきずながあれば、閉じた質問は、開いた質問と同じくらい相手に刺激を与えられます。質問とは、相手の思考パターンや回路を乱し、深い探求へといざなうためのものです。その質問で相手の心を開けるかどうかが大事な点です。

質問が会話の深化に役立っている限りは、どんな聞き方をしても問題ないのです。

代わりの考え方

閉じた質問は、少なくとも次の3つの場合に有効といえます。

1―コーチングを通じてクライアントが解決したいものを明確にするとき
2―内省を促す言葉が的を射ているか確認するとき
3―ハッとするような洞察を得たらしいのに、それを口にしようとしないクライアントを促すとき

最後の場合ではたとえば、「ご自分の中で何か変化がありましたか?」などと聞いてあげると、クライアントは背中を押され、目の前に新しく拓けた視野をはっきりと確認します。

第2部で説明する5つの基本的手法の一つ「着地点はどこか」とは、望んでいる結果を見つけ出し、明らかにする行為を指します。クライアントの話を聞いたら、コーチングの中で何を達成するのがその人にとって最も大事なのかをコーチはつかむ必要があります。

その際、コーチングの方向性を決めるために閉じた質問をすることがあるでしょう。するとクライアントは、二つかそれ以上の結果を出したいと言い出すかもしれません。コーチはそれらの選択肢を要約し、どれから最初に取り組みたいか聞きます。

何を達成または解決したいのか、どんなことを理解したいのかを話し合ううちに、実は自信をつけたいんだとか、習慣を変えたいとか、不都合な現実を受け入れられるようになりたいとか、より重要な別の到達点が飛び出すかもしれません。するとコーチは、到達点を変更するか尋ねます。これらの閉じた質問によって、課題が明確になり、確認できます。

内省を促す言葉の妥当性を確認するのにも、閉じた質問は使えます。たとえば、クライアントの言葉を要約したり、感情変化に気づいたり、信条や思い込みを認識したりしたとき、コーチはその要約や観察、推論が的を射ているかどうかクライアントに確認する場合があるでしょう。そのようなとき、クライアントが一言で答えるのでなく、さらに情報を提供してくれることもしばしばあります。

クライアントが、大事なことを達成するためにコーチがいるのだと信じられれば、閉じた質問が鋭くて多少不快感を伴っても、受け入れるでしょう。たとえば、自分の行動が目標達成の妨げになっているとクライアント自身が気づいたとき、コーチは「今のままで満足できますか？」とか、「本当に手に入れたいもののために、何かを変えてみようと思いませんか？」

とか、「一年先、行動しなかったことを後悔しませんか？」といった質問を投げかけるかもしれません。これらの閉じた質問に続いて、クライアントの希望や次の行動について開いた質問をするかもしれませんが、このような会話の流れでは、前段の閉じた質問こそが、クライアントに発破をかけるのです。

閉じた質問が効果を発揮するのは、コーチがまずクライアントを賢明で機略に富んだ人だと信じていて、それが伝わっている場合です。自分が間違っているとか力がないといった評価を突きつけられてはいない、とクライアントがわかっている必要があります。コーチがクライアントの言葉を要約したあとに、「これでよいでしょうか？」とか「この傾向を変えたいと思いますか？」とか「ご自分の期待が実現すると思いますか？」などの閉じた質問を誠実な態度で聞くのであれば、クライアントは自分の思考をより明瞭な形で具体化できるでしょう。

閉じた質問をしてはいけないと思い込まないでください。閉じた質問は、物事を明確にし、クライアントの考察を促します。コーチングの訓練に閉じた質問を再び取り入れて、コーチが上手に使えるようになってほしいと思います。

迷信その4：内省を促す言葉は、挑発的だ

迷信の出どころ

内省を促す言葉を私が使っていると聞いて、安堵するコーチがよくいます。特に南北アメリカやヨーロッパのコーチで、彼らはこう言います。「使っていいんですね？　コーチングがずっとやりやすくなります！」

内省を促す言葉は、閉じた質問と同様に、クライアントをある方向へ誘導してしまうので使うべきではないと思っていたようです。

中東やアジアのコーチの反応はこれよりも深刻です。これらの地域の人たちは、内省を促す言葉を、直截的な物言いだととらえます。彼らの文化では、遠回しにせず、はっきりと簡明に話すのは対決的な印象を与え、相手の気持ちを害すると考えられています。彼らいわく「あなたは、私たちの文化を理解していない」「クライアントにあまりに直截に伝えるのは無

礼だ」というのです。

迷信の中の真実

内省を促す言葉を発するときにコーチが抱く感情は、クライアントの反応に影響を及ぼします。相手への好意的な関心や気遣いを伴っていないと、挑発的な態度をとっていると受け取られかねません。

クライアントの誤りを指摘する意図があった場合、クライアントは指図されていると感じて、心を閉ざします。また、コーチがいらいらしていたり不愉快な気持ちでいたりすると、内省を促す言葉は、決めつけるような調子になったり押しつけがましくなったりします。クライアントは、批判されていると感じるかもしれません。腹を立てて話を切り上げることもあるでしょう。もしくは従順になり、どう考え、どう行動すればよいか教えてほしいと言うかもしれません。

迷信による勘違い、迷信がつくる障害

「内省を促す言葉は、クライアントをある方向へ誘導する」とか、「挑発的だ」という考えは持たないでください。

「内省を促す言葉」をフィードバックと取り違えている人がいるかもしれませんが、後者は相手を傷つける場合がよくあります。唐突に助言したり見解を示したりするのは、相手を遠ざけることになります。フィードバックや相手への評価は、この本で伝えている内省を促す言葉とは別のものです。

代わりの考え方

クライアントの言葉を要約したり、その人の気持ちを表現しようとしたりする際に、相手を正そうとか具体的な反応を起こそうとかいう思いを一切持たなければ、直截的過ぎることにはなりません。内省を促す言葉が挑発的に受け止められるのは、コーチがいら立ったり落

ち着かなかったりするときだけです。

内省を促す言葉は思考の本質を突くので、クライアントは頭が混乱し、居心地が悪くなったり、恥ずかしくなったり、戸惑ったりするかもしれません。けれども、コーチが穏やかに見守り、クライアントが感情を整えられるよう安全で静かな空間をつくっている限り、相手は落ち着いてきます。そのうえで、今どんなことが理解できたかを質問すれば、クライアントは、目標に向かってどう行動すべきかについて、より建設的に語るようになります。

自分の思考や行動が自身を縛っていたと気づいて一時的に不愉快に感じたとしても、コーチングのセッションが終わる頃には、きっと前より自信を深めているでしょう。

迷信その5：明確なゴールまたは将来像を必ず設定すべきだ

迷信の出どころ

ゴールや目標をどうやって設定するか教えないコーチングの訓練を私は聞いたことがありません。ケース・ウエスタン・リザーブ大学ウェザーヘッド経営大学院のコーチング研究所は、コーチングの中で前向きな将来像を設けることの効果について説明しています[01]。

解決すべき問題ばかりに集中するのではなく、いつも目的を心に留めていれば、そのために何ができるかという意識を持ち続けてコーチングを進められます。目標とする将来像に集中していれば、会話は意味を持ち、活気づいて、クライアントの強みが生かされて方向性もおのずと決まります。

迷信の中の真実

コーチングで、難しいながら最も大事な点の一つは、満足できる解決に向けて会話を着実に進めることです。セッションの途中でコーチングの方向性が何回変わってもいいのですが、前へ向かって進んでいると少しでも実感できるように、最終的にどこにたどり着きたいのかは常に明確にしておく必要があります。

ゴールがぼんやりしたままだと、会話は堂々めぐりになります。クライアントは次にとるべき行動を口にするかもしれませんが、恐らく実行しないでしょう。悩みごとを話して満足しているだけでは、何も解決しないのです。

迷信による勘違い、迷信がつくる障害

しかし、いつも次のように考えるのはやめてください。「クライアントはコーチングの開始時点で、目指したい将来像をはっきり描いていなければいけない」

最初の段階で、クライアントが何を得たいのかがはっきりしていない場合はよくあります。決断に際しての悩みや、先行きの不明瞭さについて語るくらいしかできないことは珍しくありません。

あるグループセッションで、コーチがクライアントの女性に対し、はっきりとした前向きな将来図を描いてみせてほしいと促しました。彼女は、まだそれはできていない、その時点でどんな選択肢があるか話し合ってから目指す方向を決めたい、と言いました。しかしコーチは、どんな将来だったら理想的かと何度もしつこく問いかけました。すると彼女はきっぱりと回答を拒否しました。コーチは、立ち上がって歩いてみたら将来について何か見えてくるのではないかと言いました。彼女は口元をぎゅっと結び、泣き出しました。傷がこれ以上深くなる前に、私はセッションを打ち切りました。

そのコーチは、コーチングの始めに、明瞭で前向きな将来像を描くよう訓練を受けていました。そのためにコーチングの進め方が定型的になり、クライアントの求めに応じることができなかったのです。クライアントは将来像を描く能力に欠けていたのではなく、単にそのとき描けなかっただけなのです。

コーチングの会話は、行き先が明確でないといけません。しかし、コーチングが進むにつれて行き先そのものが変わっていくのはままあることです。

代わりの考え方

セッションの始まりでクライアントは、今の行き詰まりや不安をはっきりさせたい、くらいしか話せないかもしれません。しかしセッションが進むうちに、思考をまひさせている恐怖や欲求、葛藤が浮かび上がってきて、そこから新たな目標が見えてくるかもしれません。その目標は恐らく、「リスクを取って決断できるようにもっと自信をつけたい」といった、より個人的な内容になるでしょう。それに向けてコーチングは方向を変えます。

こうした変更はセッションの中で何回も起こり得ます。クライアントが思考や感情により深く入り込んで整理していくと、本当に望んでいるもの、障害になっているものの正体がわかってくるからです。

また、セッションの場で必ずしも前進が確認できなくても結構です。大事なのは、クライアントが前に進みたいと思ったときにセッションを設けることです。そこで得た新たな情報をクライアントが処理するには、時間が必要です。コーチはクライアントに対し、コーチングで話したことについて整理する時間をいつどのように確保するかを確認しましょう。クライアントがその時間を確保できれば、次のセッションまでに何らかの決断をするかもしれないし、重要な一歩を踏み出すかもしれません。

最良の学習はときに、次のセッションまでのあいだに起きるのです。

第2部

5つの基本的手法

The Five Essential Practices

Coach
the Person,
Not the
Problem

「知っていることを疑ったときに、私たちは学べるのです。
自分一人の力でこれをやろうとしても、
どうしてもうまくいかないのです。」

――マーシャ・レイノルズ

クライアントの満足を得やすいコーチングのモデルはたくさんあります。立ち止まって考えを整理できる安全な場所をつくるだけでもまず役に立ちますが、次の3つの狙いが達成できれば、それらのモデルには価値があります。

1 セッションの目標が（途中で変わるとしても）常に明確である

2 クライアントが解決すべき問題や障害が見つかる

3 実現可能な次のステップが決まる

3つの狙いは、コーチングの会話を引き締め、推進力になります。

セッションの「目標」は、コーチとの会話を通じてクライアントが獲得したいことです。「障害」は、クライアントを邪魔している感情や信条、葛藤といったものです。「次のステップ」を決めて、クライアントに実行を約束させるのは、少しでも前進するためです。そのステップが「もう少しこれについて考えてみたい」程度でもいいのです。

クライアントが目指す目標を明確にして、選択肢とそれによる結果を選別し、将来の計画を立てるのは、問題解決の基本的な手法です。私たちはこれを「表面上のコーチング」または「事務処理のためのコーチング」と呼びます。

これは、特にクライアントが「言葉を使って問題を処理する」――話しながら考える――タイプの人で、コーチと安心して話せる場合に、有効です。私も自分のクライアントとこの種の会話をすることがありますが、いつもではありません。セッションのたびに、ただうなずいているだけでは、彼らのお金も私の時間ももったいないです。言いかえれば、それは「問題解決のみのためのコーチング」であって、それをなぜ問題と考えているのか、クライアントの内面を探るコーチングではありません。

コーチングの訓練と経験を私がもっと活用できるのは、クライアントが自分では解明できない、問題の根本要因を探るときです。クライアントが陥っている窮地に、本人の思考がどう関わっているのか、という点が大切なのです。

コーチングのモデルも第二段階となると、問題解決とは別の次元に進みます。クライアントが自ら何を解決すべきか、それを発見する方法が思考変革の鍵となります。私たちは、クライアントが問題とその先の可能性に対して新しい見方ができるようにコーチします。

クライアントは、自分や環境をより広い視野で見られるようになり、新しい手法で将来へ向けた交渉や決断をできるようになるでしょう。

事務処理のためのコーチングと、変革をもたらすコーチング

事務処理のためのコーチングでは、クライアントが次に何をすべきか、またはすべきでないかを決めるために、目の前にある問題をどう考えたらよいか手助けします。この際の会話は、論理的に進みがちです。コーチは、「もし……だとしたら」「どのような理由で」といった言葉をよく使うでしょう。相手に分析させるときには「ほかにどんなことができるでしょう」と聞くかもしれません。

クライアントはそこで過去を振り返り、現在につながる要因を探そうとするでしょう。コーチは、将来にも目を向けさせ、次に何が起こりそうか、そのあとは、またそのあとは、と考えさせます。現在の状況についても、何が現実的で何が単なる夢物語に過ぎないのか見分けさせようとするかもしれません。

会話をどう進めるにしても、**事務処理のためのコーチングは単線的で、外から問題に光を当てているだけです。**そのような会話は、クライアントの思考の表面をさらっと撫でるばかりで、思考パターンや偏見、感情のフィルターを深く掘り下げることはしません。それでも

クライアントはコーチに感謝し、行動計画を実行すると言うかもしれません。しかし、日常に戻って問題に直面するや否や、計画はたいてい変更されるか忘れ去られるかします。

すべての会話で相手の思い入れや思考の障壁を探る必要はありませんが、相手の思い込みがどこにあるか試したり、なぜ問題解決を避けるのか、その原因を確認したりするために、少し探りを入れるだけでも効果はあります。人が長いあいだ同じ思い入れに基づいて同じ行動をとってきた場合、事務処理のコーチング、すなわち問題解決的なアプローチは役に立ちません。

認知神経科学者のマイケル・ガザニガは、人はいつもの思考回路に従って毎日を過ごしており、立ち止まって自分の選択を疑おうとはまずしない、と言います。仮に立ち止まったとしても、自分は正しく安全だと感じていたいので、自己分析を拒絶します。自分の言い訳が不合理だと感じていても、です。このかたくなな姿勢を打ち破るには、外部の人間が変革的アプローチで接する必要があるのです［01］。

変革的コーチングは、心の内面から人を変えます。 内省的探求は、思考がいったん乱れますが、そこからブレークスルーとなる変革が導き出されます。このときに、人はコーチングを魔法のように感じるのです。

内省的探求によって、クライアントは思考を机の上に開いた本のように見える化して、検証可能にします。この状況に至ったときに、論理の欠陥と古い考え方に気づくのです。さらに内省を続けたり質問に答えたりするうちに、言語化できていなかった不安や欲求、願望がはっきりと見えてきます。クライアントは新たな視野と思考を獲得し、それによって現実をとらえ直します。

クライアントが自分自身や周囲を新しい見地からながめられるようになったとき、可能性と限界、正否の判断は一変する。そこから、本人の選択や行動も変わる。

内省的探求を用いて、問題解決ではなく人の内面を探るコーチをするのは、変革的コーチングの基盤です。

ここから5つの章にわたって解説していく5つの基本的手法が、内省的探求のための道具になります。これらの道具を使えば、どんなコーチング学校や手本に従っていようと、コーチングは向上するでしょう。

第3章

集中

——問題解決ではなく、相手の内面に働きかける

Focus: Coaching the Person, not the Problem

次に何をすべきかは、あなたより
クライアントのほうが常によく知っている。
——マーシャ・レイノルズ

コーチングのセッションは通常、クライアントが自分の問題や話したい話題について説明するところから始まります。

スタート地点としては、それで良いでしょう。しかし、クライアントが自分の境遇について語り始め、何が問題と考えているか説明し始めたら、そのあとは、問題自体から離れる必要があります。

クライアントが賢く、対応力があり、解決の糸口を探れるような経験の持ち主なら、問題そのものではなく、その人の内側に会話の焦点を移すべきです。彼らが新しい発見や次の行動の妨害要因を見つけるには、コーチの手助けが必要なのです。

常日頃の思考パターンが邪魔しているのか、冷笑的な態度の裏に恐怖があるのか、それとも裏づけのない伝聞話に引っかかっているのか。クライアントの視野を広げ、別の対応ができるかどうかを確かめるのが、コーチの仕事です。

クライアントが自らの力を使って、広い視野に立って考えられるように状況を整える——それこそがコーチの仕事である。

クライアントのマンネリ化した思考法に対し、熟練の手法を用いながら疑問を差し挟み、あえて混乱状態をつくるのが、**別次元に導く（クライアントの視野を広げる）コーチング**です。**進行を円滑にする（問題の原因と解決法を探る）コーチング**とは違います。

前者の会話は、不快感を伴うこともありますが、たいてい目覚ましい結果が得られます。クライアントの頭をより活性化させられるのです。解決のための選択肢や結果だけを考えるのではなく、思考に重点を置くと、クライアントの考えや行動には大きな変化が起こります。その変化は長続きするうえに、順応性もあります。周囲の状況が変わったときに、変化の幅を広げたり、さらに変化したりできるのです。

クライアントが目標に集中しつつもコーチの前で安心して鎧を脱げるようにする方法については、第8章で説明します。

クライアントを支えるのか、突き動かすのか

会話の焦点をクライアントが抱える問題ではなく、クライアントそのものに移すのは、どんなコーチにとっても難しい作業です。コーチもクライアントも、外側にある問題について話しているほうが楽です。

ときにはコーチが、問題の背後にある要因について話題を移すなどして、クライアントが内省するための質問を投げかけるかもしれません。自分の強みを自覚してもらい解決法を探り当ててもらおうとするかもしれません。いずれも、問題解決ではなく、クライアントの内面を意識した働きかけです。

それらの働きかけは有効ではありますが、それだけでは十分ではありません。クライアントの信条や思考パターンを揺るがすほど強力ではないからです。会話は進むでしょうが、自意識の強いクライアントの場合、自分を疑う機会は後回しになります。

現在の役職で長年経験を積んできたクライアントは、たいてい自分の知識を頼りにしています。新しい考えを受け入れず、自分の考えにこだわります。頭のいい人は、自分が優れた思考力を持っていると信じています。自分の理屈を疑わず、自分の意見こそ最善だと考えて

います。

クライアントが新たな発見に向き合うためには、自分の中に疑念が湧くのを味わう必要があります。疑いを持ったときに、信条や動機を改める必要性について考え始めるのです。足元が崩れ始めると、自分の見方にかえってしがみつこうとして、むきになったり怒り出したりするかもしれません。しかし、コーチがクライアントへの気遣いを忘れずに、辛抱強く冷静に対応すれば、相手もむやみな悪あがきをやめるでしょう。自分の信じていたものを失って立ちすくむのは、クライアントによくあることです。しかしたいていはわずかな時間で、新しい見地が拓けてきます。

CASE STUDY

私はかつて、ある多国籍企業の部長をコーチングしていました。

その企業は管理本部とサービス部門に分かれており、元々別の企業だったさまざまな部門が、現在の親会社に合併されてできあがっていました。私のクライアントがいた部門は、買収された企業の一つでした。彼は組織を率いて変革期を乗り切り、翌年には社内トップの売上成績を上げました。しかし、その2年後、親会社による決定の影響をもろに受けて、クライアントが率いる部門は目標達成が難しくなっていました。

私たちの3回目のセッションで、クライアントはまず、自分の部門が売却されると切り出しました。そしていつものように、部下たちの様子や誰の対応に最も悩んでいるか報告し始めました。前回のセッションからあまり変化がないように思えたので、最も手を焼いている部下のことをより掘り下げたいか聞いてみました。

するとクライアントは、少しいら立ったように切り出しました。「私は、この会社で一生懸命やってきたんです。それなのに会社は、私を端に追いやって孤立させ、切り捨てようとしているのです」

私は答えました。「よくわかります、あなたは自分のチームが切り捨てられないように、最善を尽くしています。この変遷期のあらゆる困難にも持ちこたえ、チームを全力で率いてきました。忍耐強さは、あなたの最大の強みの一つです。親会社が重要な決断の場にあなたを入れなくても、決してあきらめていらっしゃらない」

「はい。私は、チームが少しでも良い条件で売却されるように、引き続き成績を伸ばそうとしています」

そこで私は、部下の管理も含め、できることはすべて思いどおりに進められているか、聞きました。

クライアントは言いました。「ええ、けれども……」そこで一息置くと、ささやくような小さな声で話し始めました。「最も優秀な部下たちが、転職すべきかよく聞いてくるのです。それに答えるのは難しくて。私自身が、自分の身の振り方について答えを出せないでいるので」

「なるほど」私は答えました。「自分自身について決断できない状態で、部下たちにどう助言すべきなのか、迷っておられるということですね。あなたは彼らの良いリーダーでいたいと思っていらっしゃるのですね。まずはご自分の選択肢についてはっきりさせることから始めるのはどうでしょうか」

クライアントはほっとしたようにため息をついて、同意しました。周囲との会話に受け身になるのではなく、決然とした態度をとりたいと話しました。

加えて、「もし……だったら」「……としたら」と思い悩まないように、どんな状況になったら会社を去るべきか明確にしたいという要望も、合わせて確認しました。私は、転機を見定めたいのですねと言いました。セッションの重心はここで、本人が十分考え抜いてきた仕事の問題から、過剰な緊張感の原因となっている、離職をめぐる迷いへと移りました。

私は次にこう質問しました。「チームに尽くしたい気持ちと、逆境に打ち勝ちたい気持ちをここではいったん切り離して、あなたが会社にとどまっているのはなぜでしょうか」

クライアントは長いあいだ沈黙していました。そして、話し始めました。「私が次に働ける場所はあるのかな、と思うのです」

あらためて、セッションの重心は、将来に対する考え方に移りました。そこでクライアントは、自分が組織のリーダーになるには誰から見ても年をとり過ぎていると思う、と本心を明かしてくれました。このおかげで、年齢にこだわっていたために思いつかなかったいくつかの可能性が、そのあとの会話で出てきました。チームに結果を急かしていた不安感の根っこがわかり、緊張も消えました。

するとクライアントは、次のステージに向かう機会について具体的に考えられるようになりました。機会が訪れるまでに何をしておくべきかについても、自分から話してくるようになりました。

私はクライアントに会社を辞めるようコーチしたつもりはありません。受け身にならず、自分の態度をより明確にできるようコーチしたのです。

セッションの終わりに、クライアントはこう話してくれました。転機の機会を明確にできたことで、これからの決断や周囲への対応に自信がついた、と。

意志の強いクライアントのほとんどは、抵抗しても立ち向かってくる相手に敬意を払います。私に「あなたは押しが強くて容赦がない」と話すクライアントも、最後には、自分に正しい道を選ばせてくれたといつも言ってくれます。

私がクライアントに何かをやらせたという表現は正しくないと思いますが、コーチングを通じて自身の観念が変えられるのを受け入れてくれた、クライアントの姿勢には頭が下がる思いです。私を旅の同志と認めてくれているのだと思います。私がクライアントを、混乱の中でも必ず道を切り開ける人だと信じて、その思考に挑もうとする姿勢が、私たちのあいだに信頼関係を築くのです。

相手により広い視野で世界を見てもらうには、所見を述べたり質問をしたりして相手を困惑させてしまうのは避けられません。目の前の問題や選択肢を整理するのではなく、その人の中にある障害や偏見に気づいてもらうのは、不快感を伴いますが、そのあとにブレークスルーとなる気づきが待っています。

クライアントは、自分が避けてきた真実を認めざるを得なくなると、落ち着かなくなったり恥ずかしがったりします。この緊張感こそが、コーチングがうまくいっている証拠です！その調子で、問題解決ではなく、人の内面に働きかけるコーチングを続けてください。大事な決断を見極める基準や、次にとるべき行動がはっきりしてきます。

小説家のポール・マレーは言いました。「受け入れがたい真実と単純な嘘《うそ》のどちらを選ぶなら、人はいつだって単純な嘘を選ぶだろう［01］」

真実は人をよく傷つけますが、そのあとに人を解き放ちます。第3部では、クライアントが感情的な反応をしても、コーチングを着実に進めるための脳内習慣について説明します。

問題に焦点を当てるのでなく、クライアントに働きかけるコーチングは、「**気づきに基づくコーチング**」とも言います。「問題解決に特化したコーチング」とは違います。相手の意見や行動の背景にある思い込みを浮かび上がらせ、矛盾と混乱の原因となっている恐怖や葛藤に焦点を当てます。単に行動が変わるのでなく、意識のレベルで変革が起きるのです。

コーチングは人をサポートし、励まします。しかしときには、居心地が悪くなるほど相手を混乱させることもあります。コーチは積極的に、クライアントの話を解釈し、本人の思い込みを刺激し、感情の変化に気づいてください。そうやってクライアントは、すでに考えてきたことを整理するだけに終わらず、新しい学びを得られるのです。

問題解決ではなく、相手の内面に働きかけるコーチングのための3つのアドバイス

コーチングの重心を外側にある問題からクライアントの内側へ移そうとするとき、クライアントがそれを好意的に受け止めず、かえっていら立つときがあります。また、クライアントと信頼関係を築いて深く関わるには、1回のセッションでは足りない場合もあります。確かな関係を築いて、外側の問題から人の内側へとコーチングを上手にシフトできるように、次の点を参考にしてください。

1 ― コーチングに期待するものを決める

コーチとクライアントは、期待するコーチングセッションのイメージを共有する必要があ

ります。依頼を引き受ける際に、自分がアドバイザーではない点をクライアントに伝えてください。問題への対応や難しい決断に関わる迷いの原因をともに考えていくパートナーなのだと理解してもらってください。事実を伝えたり過去の出来事に触れたりするかもしれませんが、親しい友として、クライアントの現時点の見方を確認したり別の考え方を探ったりするのを手助けします。

セッションがないときには、読むべき資料を宿題として出したり、ほかの課題を与えたりするかもしれません。しかし、そこから得たものをどうするかは本人次第で、コーチが教えることはありません。

2｜クライアントの力を信じる

クライアントは問題解決の能力を備えているという認識を持ってから、コーチングに臨んでください。彼らが自ら道を切り開くのを助けるためにコーチングをするのです。クライアントが何を成し遂げたいのか、それができないのはなぜなのかに関心を持ってください。そして、何が障害になっているのか、前へ進むためには何が必要なのかを考えるのです。

相手の知識や経験が限定されていると思ってしまうと、つい助言したくなります。そういうときは深呼吸をして、クライアントは創造的で能力がある人だと思い出し、助言したい衝動を自分の外へ押し出すのです。

クライアントの能力を信じて、最善の結果をともに見つけようと真摯に対応していることを、クライアント自身が感じ取れれば、自分の欠点や偏見、恐怖を素直に見つめ、無防備になる覚悟ができます。コーチがクライアントを信じることで、学びの条件が整うのです。

3 問題の明確化から人へのコーチングに移るタイミングを知る

コーチングセッションを通じて目指すもの――クライアントがコーチと一緒に達成したいもの――がはっきりしたら、「どんな選択肢があるか」「クライアントが何をすでに実行し、何をしなかったか」について確認していくところからコーチングを始めていいでしょう。やらなかったことの話を深めていくと、クライアントがためらった原因がたいてい見えてきます。

有能な人にとてもよくあるのが、正否の考え方が固定的だったり、「あるべき」行動基準に縛られていたりする場合です。失敗の恐怖や、しかるべき義務感がいかに自分の視野を狭めているか、認識し直す必要があるかもしれません。計画を実行に移すために自信をつける必要もあるかもしれません。

自分の中の問題の解決をクライアントが望んでいたら、問題からクライアント自身にコーチングの焦点を移してください。クライアントはそこで頭をかき回されて初めて、自分が正しいと思っていたことは間違いだったと気づくのです。

第4章

アクティブ・リプレイ

——核心部分を表現し直し、改めて見つめる

Active Replay: Playing Back the Pivotal Pieces for Review

経験したことは、言葉にして初めて見えるようになる。

——ハンナ・アーレント

コーチは内省を促す発言を通じてクライアントの鏡となり、その人の思い込みや先入観を映し出します。本人は不快に感じるときもありますが、問題の所在に気づくことができます。それを踏まえて、次にどうすべきか考えてもらうために、コーチが改めて内省を促す発言をするのも、また非常に効果があります。

私が大学院で放送メディアによるコミュニケーションの修士号を取得して、最初に就いた職は、精神病院の視聴覚コーディネーターでした。テレビやビデオ再生機、フィルムプロジェクターを設置したり、患者をビデオ録画したりするのが仕事でした。

せっかく修士課程まで終えて、単純労働をしている自分を不甲斐なく思っていました。もっとやりがいのある職場へ行きたいと思っていたときに、ある仕事を任されました。それが人生の中でも忘れられない、すばらしい経験となりました。

私の修士論文は、ビデオによるフィードバックが人の自己肯定感に与える影響がテーマでした。各被験者にテーマを選んでもらい、ビデオの前でプレゼンテーションをしてもらいます。被験者と一緒に録画を見て、プレゼンテーションの改善策について話し合うセッションを設けます。数日間練習してもらい、再び録画します。この作業をもう一度繰り返して、一人につき計3回の録画とセッションを行いました。

3回のセッションの前後に、自己肯定感を測定するアセスメントを行いました。被験者は、麻薬患者と刑務所の受刑者、無作為で選ばれた大学院の学生たちです。3回目の録画後、測定値の平均がはね上がりました。特に自己認識と自負心において大きな進展が見られました。

私は職場の精神科看護師に、この研究の話をしました。彼女が拒食症患者向けの教育番組を探していたからです。彼女によると、患者たちは鏡を見ても自分が太っているとしか思わないというのです。彼女は「ビデオが患者に効果をもたらすとは思えないけれど、試してみる価値はありそうだ」と言いました。そして、患者にビデオカメラを向けても差し支えないか精神科医に尋ねると、医師は「自分が現場に立ち会うので、ぜひやりましょう」と賛成してくれました。

1回のセッションだけで、目覚ましい結果が出ました。ビデオに映った自分の姿を見て、患者たちは息をのみました。自分が幽霊のようにやせ細っている様子が、初めてはっきりと見えたのです。身体の変形ぶりや肌の荒れに、やっと気づいたのでした。

患者たちは、普通の鏡では真実が見えなかったのに、ビデオの再生映像だと、自分のやせ衰えた姿を確認できました。この「動的な再生」作業は、患者たちに新しい治療の道を開きました。

コーチングで使われる「ミラーリング」と呼ばれる技能は、ビデオ再生と同じような効果を狙ったものです。クライアントの言葉や表情を再生してみせ、関心を持った点について質問をして、相手を内省へと導きます。ただし、普通の鏡のように、ただ映し出すのだけではありません。

内省を促す発言と質問は、クライアントの表面上のしぐさをただなぞるのではなく、**その人の内面にある思い込みや恐怖、落胆、裏切り、葛藤、願望にも光を当てて浮かび上がらせる、積極的な再生（アクティブ・リプレイ）です。**

アクティブ・リプレイには、2つのスキルが重要です。

1 — クライアントの話の鍵となるポイントを要約する

2 — 相手の感情の変化に気づき、私見を挟まずに指摘する

この2つにかかわるサブスキルについても、この章で説明します。これらスキルを実践して、「相手の話を明確化して、さらに一歩進める」質問を組み合わせると、クライアントを内面の探求へと誘い、思考の根っこまで到達させます。そこから得られた気づきが、クライアントを前進させる推進力となります。

要約する

要約は簡単そうに見えますが、その効果は絶大です。人は自分の言葉を誰かの声を通して聞いたとき、自らの思考や信条に気づいて考察し直すことができます。意識が内面に向けられ、内省が始まります。そこで新たな展望を得ると、盲点や思い違いを発見します。だいたいの場合、そこで人は立ち止まり、場合によっては息をのむでしょう。脳が忙しく働き、情報を整理してつなぎ直します。そして、新たな見地から、今起きていることを理解します。

要約は、相手の話を覚えて、おうむ返しすることではありません。その人の話とそれを語る様子を、本人に客観的に観察してもらうために行うものです。自分の考えを他人から聞かされた人は、自分がとってきた行動や置かれている環境、将来の可能性についていかに狭い視野で考えていたか気づかされます。

要約に関わるサブスキルが3つあります。

1 要点をまとめる

2—言い換える

3—短く言い表す

要約したあとにたいてい質問をして、自分の言った内容で正しいか確かめます。または、「この葛藤のために、目標の達成が難しいのですか」などと聞いて、要約した内容から会話の方向性を変えたほうがいいか確かめます。話を要約して、相手に自分の思考に意識を向け検証してもらうのが、上手な内省的探求です。

1—要点をまとめる

コーチングで私が好んで使うセリフの一つが、「**今のお話はつまり、……**」です。こう前置きしてから、クライアントが今論じている話のテーマ、当面の課題、結末、うまくいかない理由を、改めてまとめてみるのです。私から質問しなくても、クライアントはこれについて同意したり訂正したりします。

話題の重要な箇所をまとめる過程で、耳に引っかかった細部の話を削ぎ落とさないようにしてください。クライアントが興奮気味に述べたコメントに、障害となっている核心部分が潜んでいる場合がよくあるのです。

CASE STUDY

私がかつて担当したクライアントは、夜勤の仕事を5年間続けている夫に不満を持っていました。彼女は、子どもができたら日中の仕事を見つけると夫婦で合意したと思っていました。すでに夫婦には2人の子どもがいて、クライアントは何度もこの話を持ちかけようとしましたが、夫にはそのたびにかわされてしまうとのことでした。

私は要点をまとめました。「あなたは夫に新しい仕事を見つけてほしいと思っている、けれども夫は話し合おうとしてくれないのですね」。クライアントはそうだと答えました。そこで私は、「かわされる」というのは、どんなふうなのか尋ねました。なぜ話し合いに持ち込めないのか、もう少し理解したいと思ったのです。

クライアントは言いました。「昨年ですが、新しい仕事について話をしようとしたんです。すると、夫はかんかんに怒ってしまい、もう怖くてこの話題は持ち出せなくなりました。今では、大事なこともほとんど話し合いません。あまり一緒に時間も過ごしません。二人で家にいるときは、夫はスマホをいじっています。どう関わればいいのか、わからなくなりました」

「なるほど。あなたは夫に新しい仕事を見つけてほしい。けれども、夫はこの話題を避けるし、再び話を持ちかけて拒否されるのがあなたは怖くて、結局、二人のあいだに距離ができているのですね。先ほど、かんかんに怒って、と力を込めておっしゃいましたが、そこがあなたにとって行動できなくなった転換点のように感じました」

クライアントの怒りはみるみるうちになくなり、今度は悲しみに変わりました。長い沈黙のあとに、小さな声で「はい」と答えました。私は、コーチングの方向性について確かめてみました。「夫に新しい仕事を持ちかける方法についてもう少し考えますか。それとも、二人のあいだにできた壁をどうやってなくすか考えましょうか」クライアントは、壁のない元の関係に戻るほうを選びました。

クライアントの話をまとめるときは、**その人が使った言葉を使う**ようにします。話をそのまま受け止めて、その人に正しく返せるように努めます。相手が強く望んだものやいらいらしていた点についても、しっかり覚えておいて返します。しかし意味は探らないようにします。クライアントの話について考え始めると、大事なポイントを見失います。コーチング中に考えるのは禁物です。

1-1 明確にするために、まとめる

クライアントの話をまとめると、その人が状況をどう見ているのか整理できます。しかし、話を聞いただけで全体像が見えたと思うコーチが世の中には多過ぎます。

まずは、「**あなたの立場を正しく理解しているか、確認しましょう**」と言って、クライアントが話した問題を改めて語ることで、コーチとクライアント双方がスタート地点を明確化できます。コーチのまとめを聞いて、クライアントはたいてい、細かい大事な話をさらに教えてくれます。同時に、あなたが自分の話の熱心な聞き手だと感じてくれます。

話を整理しながら、クライアントが現在の状況をどう思っているか質問するのも大事です。クライアントが何を大事にしていて、どのくらい長期間踏ん切りがつかないでいるのか、何

かに急き立てられてはいないのか、すでにどんな行動を取ってうまくいったのか、もしくはつまずいたのか。このような点を聞いてください。質問のあとに簡単な要約を入れると、クライアントにとっても自分の話がくっきりと浮かび上がり、わかりやすくなります。これはクライアント一人ではできない作業です。

「〜したい」「〜しなくてはいけない」とクライアントが話した点は必ず心に留めてください。本人が望んでいる、または必要と感じているもの、それが実現されないことでもたらされる影響の大きさを探ってください。また、クライアントがそれを実現可能と考えているのか、それを手に入れるために必要なことをやる覚悟があるのかも確かめるべきでしょう。

話をまとめて明確化する作業は、辛抱強く進めてください。本当の望みをクライアントが具体的にイメージできれば、そのあとのコーチングがスムーズに進み、効果も上がります。

1-2　葛藤や矛盾に気づくために、まとめる

ときにクライアントは、「自分がしたいこと」と、「しなければいけないこと」または「すると期待されていること」のあいだで板挟みになっているときがあります。二つの相反する

価値観をコーチが明確化すると、クライアントのいらいらや不安が顔をのぞかせる場合もあります。

CASE STUDY

私がかつてコーチングしていた女性は、仕事にもっとやりがいを見出したいと思っていました。当時担当していた仕事に手応えを感じなくなったのです。新しいプロジェクトを立ち上げたいけれど、会社の規模が大きくなって「くだらない内部の抗争」が増え、自分の時間が奪われると不満を漏らしました。状況をどう打開すればいいかもわからず、怒りのあまり家族に八つ当たりすることもありました。

私は話を聞いて、「くだらない」内部抗争のせいで充実した仕事ができず、家庭でもストレスを引き起こしているわけですね、とまとめました。女性は、仕事自体に問題はないし、給料は申し分なく、自分の能力も生かせていると強い口調で述べました。会社は成長していて、この職場のおかげで家族はいろんな面で助かっている、とも言いました。現状に甘んずるこれらの理由を私は要約しながら、女性が張り詰めた様子で理由を話している点も伝えました。まるで、私かコーチングに対していら立っているように見えたからです。

発作的に女性は答えました。「会社を辞めたいと思うのは、間違っているでしょうか？私のポストを誰もがうらやみます。家計も支えられています。私が辞めたらどうなるか、誰もわからないですよね」

「ええ、辞めたらどうなるか、誰もわからないです。あなたは辞めたい、けれど周りの人たちは辞めないほうがいいと考えているんですね」

女性は無表情になって、しばらく私を凝視していました。私は静かに見守りました。やがて、女性は言いました。「ありがたいと思うべきなんでしょうが、私にはそう思えないんです」

「こうしたいと思う気持ちと、こうでなければという気持ちがぶつかっているようですね。会社を辞めるのは間違いで悪だ、というように聞こえます」

女性は同意してうなずきました。私は、辞めたい気持ちと残る理由を比較して、どちらが今の自分にとって大事か聞きました。

辞めたい気持ちが勝ると彼女がきっぱりと即答したのを見て、私は言いました。「辞めたいとはっきりしたところで、その選択をしたらどうなるのか、あなたは本当に間違っていて悪いということになるのか、もう少し深く考えられますか」

女性はすぐに答えました。「辞めたいと思います」

その決断でセッションは終わり、ではありませんでした。改めて考えてみたい、と女性は言って帰りました。そして2時間後、メールが届きました。「辞めたいときに、自由に辞めればいい。そう思えるようになりました。どうもありがとう」

自分の人生は自分が決めるとクライアントがはっきり自覚できたので、セッションは成功でした。クライアントは以前より意識的に行動するようになりました。家族との会話の仕方を変えたり、意見を聞く必要のない人から距離を置いたりしました。不確実性にとらわれず、可能性だけを見据えて、建設的に将来を考えられるようになりました。

二つの選択肢のあいだで身動きができない状態を指摘されたクライアントが、「でも」と言ったとき、特に気持ちがどちらかに傾いているときは、対応に注意してください。どちらかを選ばせようとしてはいけません。もしかすると目の前の二つ以外にも選択肢があるかもしれないと、クライアントが考えられるようにしてください。

CASE STUDY

かつて、自分の会社の売却を考えていたクライアントがいました。しかし、月2回のセッションのたびに、彼は新しい出来事の話を持ち出しては、売却を先延ばししていました。こうしたことが2カ月間続いたところで、私は、このまま次々と新しい話が出てくるばかりだと本来の目標を達成できませんね、と過去のセッションを振り返って言いました。そして、売却するのかしないのかを、そろそろ決めてはどうか聞いてみました。彼は、売却しないなんて考えたこともないと答えました。そして、もう少し時間がほしいと言いました。

2日後、彼は電話をかけてきて、結局売却しないと話しました。彼は「職場の家族」を愛していました。従業員たちに働きがいのある場所を提供しているのが大きな喜びだったのです。その声は決然としていました。変化を避けようと言い逃れをしているようには聞こえませんでした。

私は、彼の勇気をたたえました。

この決断を機に、彼は部下たちに仕事をもっと任せるようになりました。そして前より自由になった身で、以前は会社の売却後でないとできないと思っていた活動をいくつか始めました。

価値観が衝突すると、人は立ち往生します。その構造をコーチが要約して伝えることで、クライアントはよりはっきりした視野を得られ、自信を持って次の行動を決められるようになります。

どの選択が最も良いか、コーチが判断してはいけません。クライアントが選んだ選択肢が、その時点ではクライアントのためになると考えてください。

2　言い換える

前述のケーススタディで、クライアントの女性は会社を辞めたい一方で、その決断は間違いだと周囲に思われると感じていました。

このとき私は、クライアントの葛藤を明確にするために、「間違い」と「悪」という言葉を使いました。クライアントが言った「間違い」に、私は「悪」を加えて、本人の心配の度合いを確かめようとしたのです。間違った決断より、人に迷惑をかける悪い決断のほうが気になるものだからです。私はクライアントの気持ちを根拠に、「間違い」と「悪」の二つの言葉を使いました。彼女は職場のくだらない抗争について軽蔑を込めてたっぷり語る一方で、会社を辞めたら周りがどう思うか話すときは後ろめたさを滲ませました。自分の決断が「正しい」か「間違っている」かだけを考えていたのではありません。周りに「良い」「悪い」と判断されるのを気にしていたのです。

言い換えによって、クライアントは自分の言葉や感情の意味をつかみやすくなります。コーチが言葉をほんの少し変えて言い直すと、クライアントは自分の考えを外から見えるように考察することができるのです。

言い換えは、提案です。クライアントが受け取っても受け取らなくてもいいのです。コーチの言い換えに納得しないクライアントが、自ら言い換えをする場合も珍しくありません。

コーチは言い換えによって、自分の解釈を差し挟みます。しかし、あくまでクライアントの言葉に基づいた解釈でなければいけません。自分の経験を下敷きに「こうだろう」と推測してしまうと、内省にはつながらず、決めつけることになってしまいます。

コーチングをしていると、言い換えているのか決めつけているのか区別しづらい場合もあります。言い換えの技能をもっと磨きたいのなら、クライアントの許可を得てセッションを録音させてもらい、会話を復習する（そして、終わったら録音を消す）のが、良い練習になります。自分の言い換えを聞いて、クライアントの話のどのくだりを受けて、その言葉を選んだのか確認してください。会話の焦点が明確になったか、それとも自分の経験をもとに解釈して相手を説得させていないか、識別してください。言い換えは、可能な限りクライアントの話の表現を少し変えるだけにとどめて、自分の意見を押しつけないよう注意してください。

言い換えの別の形として、たとえを使うこともできます。クライアントの話の意味合いは変えずに、たとえを使って違う文脈に置き換えてみせるのです。

例として、ある指導者が部下たちに仕事を任せない理由について話したら、こんなふうに返すこともできます。「せっかくご近所の若者に庭木の剪定を頼めるのに、自分でやり続けているようなものですね」

話の置き換えをクライアントが受け入れたら、その背景にあるものを探る最初の一歩になります。今の例でいえば、従業員の頼りなさと近所の若者のそれを、本人に比べてもらうのです。指導者が率いるチームはもしかすると結成されたばかりで、参考にできる実績がないのかもしれません。それならば、チームの訓練からまず始めようという話になります。あるいは、他者に対する指導者の評価が厳し過ぎる場合もあります。その背後には、本人の恐怖心のようなものが隠れているかもしれません。たとえは、クライアントの話を明確化するのに非常に効果的です。

3―短く言い表す

クライアントの話の重要な部分を、少ない言葉で言い表せるときがあります。一つのフレーズ、ときには一言でクライアントの経験を言い表すのです。この実践には3つの方法があります。ラベリングをする、根幹に迫る、区別をつける、です。

3-1―ラベリングをする

クライアントの話にタイトルをつけるのが、ラベリングです。「まったくの未知の世界」「信用度ゼロ」など、クライアントが話で使った言葉を拾うのもいいでしょう。「おぼれそうですね」「大きな石を山の上まで押し上げるような話ですね」「ゴールを見失っていますね」など、短いたとえを使ってもいいと思います。クライアントがそれを受け入れ、特に説明をつけ加えないようなら、このように聞くのもいいです。「このように表現して、今回のセッションの目標について改めて気づく点はありますか？」

CASE STUDY

ある指導者は、前から住んでみたいと思っていた国のある会社から転職の誘いを受けていました。しかし、なぜか乗り気になれず、その訳を探りたいと話し出しました。彼はすでに、ある業界で3回転職していました。新しい商品を開発して会社の利益に貢献したあと、競合他社へ転職したこともありました。

そのあとに転職した現在の会社は、初めて経験する業界でした。にもかかわらず、会社のCEOはありがたいことに自分の才能を認めてくれたと彼は話しました。CEOは幹部ポストを与えてくれました。企画力や実行力には自信がありましたが、それとは別に会社から、指導者に必要な力を教えてもらっていると話しました。とはいえ、誘いを受けている新しい仕事は、自分のスキルを試すうえでも家族のためにもとても良い話でした。

私は言いました。「お話を伺っていて、あなたの中に忠誠心を感じます」

「そうなんです！」クライアントは言いました。「それですよ！　忠誠心。今まで会社にそんな気持ちを抱いたことはありませんでした。だから、この会社に来る前はころころと転職できたんですね」

そこからは、その忠誠心は邪魔なのか、それともメリットのほうが大きいのか探るほうに会話が切り替わりました。そして、クライアントは、指導者として自分の役割を広げられる今の会社にとどまる選択をしたのです。

「忠誠心」という一つの言葉が、クライアントのわだかまりを簡潔に言い表しました。それによって、より明瞭な視点から自分の中の葛藤を検証できたのです。

3-2——根幹に迫る

根幹に迫るとは、**クライアントの話の中から、目的達成のために解決すべき点を引き出す**ことです。せっかく目標を設定したのに、クライアントが行動に移らず言い訳を並べ立てるときがよくあります。コーチがそれらの理由をまとめると、クライアントはさらに理由をつけ加えるので、会話は同じところをぐるぐると回ってばかりになります。

クライアントの「でも」に注意してください。行動しない言い訳を考え始めたときに出てくる言葉です。コーチはそれに対して、「でも」の前に話していた内容に立ち戻り、クライアントがいったんやると言っていた話はリスクをとってでもやるつもりがあるのか確かめてください。

根幹に迫ると、リスクをとったときに起こりそうなことと、起こりそうにないことを選別できます。たとえば、予想し得るすべての悪い結果をクライアントが弁解し出した場合、このように応じることができます。「肝心な点は、新しい仕事を見つけたいのですよね。それに対して考えられる障害は3点あります」。このような見方を提示すれば、クライアントは行動できない理由を検証しやすくなります。

根幹に迫ることができれば、クライアントの視野を曇らせていた不安が消えます。

さらに、思考や認識を簡潔にまとめるために、根幹に迫るときもあります。

CASE STUDY

クライアントは、職場の上司に、もっと責任のある仕事を任せてほしいという気持ちを言い出せずにいました。なぜ上司に切り出せないのか、彼女はいつも何かしら言い訳を話しました。

私は聞きました。「結局のところ、上司に要望したときに考えられる最悪のケースは何ですか」彼女は、自分が彼のポストを狙っていると思われないか心配だと言いました。「上司とは対立的な関係にあると思っているのですね。なぜ彼はそのような対抗心を見せると思うのですか」これに対してクライアントは、上司はそんな態度を実はとらないだろうと言い始めました。自分の要望が脅しのように聞こえないように気をつけて話す、ともつけ加えました。

それを聞いて、私は言いました。「それは、そう難しいことではないですよね。本当は何が心配なのでしょうか」

クライアントはつい、こぼすように言いました。「今よりも責任ある立場に、私がふさわしいかどうか不安で」

「要は、あなたが躊躇するのは失敗が怖いからで、上司の反応が怖いからではないのですね」私がそう言うと、クライアントはそうだと答えました。

そこで私は、キャリアアップしたときのイメージを描けるか聞きました。クライアントはすぐに自分の中のイメージを話してくれました。私は、そのイメージの実現性について、コーチングの軸足を移したいか聞き、承諾を得ました。そこからは話がどんどん進み、クライアントはスキルと知識に不足点があると気づいて、もっと自分を磨こうと決心しました。こうして、上司との面談を避ける弁解の必要はなくなりました。


人はプライドが傷ついたり恥をかいたりする恐怖から、行動を起こせなくなることがよくあります。指導者や親の立場にいる者として、ばかだとか無能だとか思われたくないし、変革に向けたリーダーシップを拒絶されたくないのです。そうして、どう行動しようか計画するより、行動しない言い訳を考えるほうに時間を割きます。

それらの言い訳をコーチが簡潔にまとめると、クライアントは恐れていることが現実的にあり得るのか検証しやすくなります。そうして、かたくなな防御を解くのです。不安が薄れてくると、次に何をするかも考えやすくなります。

根幹に迫る発言をしたあとに、私はよくこんな質問をします。「心配ごとや躊躇するものがなければ、何をしたいですか？」この疑問を掘り下げることによって、クライアントは何を本当にやりたいか明確にできるし、不安も軽くなるのです。

3-3 区別をつける

区別をつける手法は、私のお気に入りの一つです。これによってクライアントが本当に望んでいるもの、解決すべきものがはっきりします。

かつてのクライアントの中に、もっとてきぱきと仕事をしたいのに、年齢のせいで頭が働かないと不安を抱えている女性がいました。働き始めた頃のように素早く行動できないと話しました。クライアントが恐れているものをはっきりさせるために、私は聞きました。

「伺ったお話には、2点あるように思います。素早い行動がとれない点と、とるべき道をすぐに思いつけないという点です。どちらがより深刻なのでしょう。若い頃のような大胆さが失われた問題か、解決法を見つけ出す賢さが若いときほどない問題か」

クライアントは、かつてのように賢くない問題を挙げました。そこで私は、問題への対処が数年前とどう違うのか探っていきました。

女性はついに、「ただ疲れてしまったんですよね」と言いました。

「今の仕事に嫌気が差しているのか、それとも仕事があり過ぎて身体的に疲れ切っているのでしょうか?」。クライアントは後者だと言いました。そして、自己管理ができていない話を始めました。こうしてコーチングに新たな目的ができたのです。

私がよく区別をつけるものとして、仕事に感じる喜びの度合いと仕事に注いでいる情熱、本人が考える優秀さの基準と完璧さを目指す気持ちの強さ、成功するために必要と考える仕事の質と量、などがあります。言葉の意味を認識してもらうために、区別をつけるときもあります。

たとえば、クライアントが「彼らの態度にはうんざりだ」と言ったとき、「うんざりとは、どういう意味でしょう。問題を解決する手立てがないのですか、それとも問題に対して腹が立つのですか?」などと聞くのです。このように**言葉の意味を明確にすることで、クライアントは本当に解決したいものを考えられるようになる**のです。

衝突し合っている望みや価値観のどちらを選ぶか悩んでいる場合であれば、次のような提案もできます。「二つは相反しているのですか? 両方を少しずつかなえる道はありませんか?」。これにはたとえば、次のような状況が考えられるでしょう。

・新しい仕事に就きたいが、家族の生活リズムを乱したくない
・家族との時間を増やしたいが、職場でもっと認めてもらいたい
・周りの人の役に立つのが好きだが、自分の時間ももう少しほしい
・やりがいのある仕事が気に入っているが、そろそろ違う人生も経験したい

区別をつける作業は、絡まった思考をほどき、考えや気持ちをはっきりさせる効果があります。対立する価値観が明確になり、解決法を考えやすくなります。

クライアントが迷路から抜け出られるよう、区別をつける手法をぜひ取り入れてください。コーチングの会話がいっそうはかどるでしょう。

要約と質問を組み合わせる

要点をまとめたり、言い換えたり、短く言い表したりして、クライアントの話を要約したあとには、質問を投げかけましょう。状況が変わって見えるようになったか聞くのです。「私のまとめは正しかったでしょうか？」「あなたの一番の悩みはこれですか？」といった「閉じた質問」でも効果を発揮します。以前の成功体験からわざわざ質問を引っ張り出さなくても、自分が要約した内容から質問は自然と生まれるはずです。

要約のための3つのポイント

窮地にはまって解決法を見出せないと、クライアントは自分の立場さえうまく説明できなくなります。コーチは要約を通じてクライアントの目の前にある霧を取り除き、立ち位置を見えるようにします。視界が良くなると、容易に障害物を判別したり解決法を見つけたりしやすくなります。次の点を参考にして、クライアントの話を簡潔にまとめ、本人が状況を客観的に観察できるようにしてください。

1　要点をまとめたり、短く言い表したりするときは、クライアントが使った言葉を用いる

鍵となる言葉は、その意味合いを本人に説明してもらってください。鍵となる言葉には、自分がとった行動に対する説明（なぜその行動をしたのか）や、「本当に望んでいるのは……」「本当の問題は……」などと「本当に」のあとに話す内容、感情を伴ったフレーズ、などがあります。

2　たとえを使って、クライアントが置かれている状況を言い換える

たとえば、「地球を双肩に担っているみたいですね」とか「流れに逆らって漕いでいるようです」とか「ハゲタカが上空をぐるぐる回っていますね」など、話の意味合いを変えずに違う文脈に置き換えてください。そのうえで質問を投げかけて、クライアントの思い込みや不安が浮かび上がるよう話を進めてください。

3　クライアントの言い訳や関係のない裏話はいったん脇に置き、クライアントが手に入れたいものとその前に立ちはだかる障害は、要約したとおりで間違いないか、根幹に迫る

クライアントがそうだと答えたら、解決すべき課題をはっきりさせるために、「……をしたいのか、それとも……をしたいのか」「大事なものを失うのが怖いのか、夢を追うためにやらなければいけないものが怖いのか」などと区別をつける作業をしてください。根幹に迫り、区別をつけられれば、クライアントの思考がより明確になり、より早く解決にたどり着けます。

感情の変化に気づく

人は常に真実を語るとは限りません。

最初から嘘をつこうとか何かを隠そうとしているわけではなく、多くの場合、自分の気持ちやその理由をうまく言い表せないのです。自分の中の強いわだかまりを口にするのは、聞く人の反応が予想できない分、不安かもしれません。外聞をはばかる考えや行いゆえに、口に出せないと思っているかもしれません。

しかし、クライアントの動揺や躊躇、誇張には解決すべき問題が隠されていて、それを認識することが次のステップにつながります。コーチが、クライアントの表情やしぐさから感情の変化に気づき、それをうまく伝えられれば、本人にとっては言いにくいものでも表に出しやすくなるはずです。

私がクライアントの話を要約してその正確さについて尋ねたり、複数の問題点をまとめてどれが最も大事か聞いたりすると、クライアントは立ち止まり、自分の思考を探り始めます。私が感情の変化に気づいてそれを指摘すると、クライアントは立ち止まり、感情の湧き出る場所を掘り下げようとします。感情の出どころを掘り下げて自分を縛っている思い込みや葛藤、恐怖を探るのは、思考を顧みるより効果的な場合があります。

クライアントが時折見せる感情をアクティブ・リプレイによって映し出せば、当人はそれまで誰にも話せなかった問題を、コーチングの場で話すようになります。たとえば、クライアントが次のようなそぶりや話し方をするのに気をつけてください。

・顔を下や横に向けて、声の調子を落とす
・ためらったり、静かになったりする
・声が大きくなったり、興奮したりする
・他人の行動や意図を説明する際に、「いつも」とか「絶対に」と強調する
・「私が本当にやりたいのは」とか「本当に我慢できないのは」など、「本当に」に力を込めて話す

このような感情の揺れに気づいたら、いさめるでもなだめるでもなく、本人にそれを伝えます。そして、自分は何も知らないというスタンスを保ち、思いやりと関心を持って、クライアントがなぜそのような気持ちになったのか、その原因となり得る思い込みや恐れ、疑い、迷いを探るのです。

思いやりと関心を持てば、クライアントの気持ちを決めつけずにそのまま受け止められます。相手の気持ちを変えるような質問はしません。その感情がどこからくるのか質問で探り、クライアントが目指す目標とどのような関係があるのか理解しようと努めるのです。

感情の起伏に気づいて、それを本人に伝えたあと、それが何を意味するのか思い当たるこ

とがないか確かめてもいいでしょう。相手がぼんやりとして黙っているのは、指摘された点を咀嚼《そしゃく》しているだけかもしれないので、しばらく待ちます。ためらっているようだったら、考えていることを話してもらえないか尋ねましょう。クライアントが自分の感情を説明できるならば、コーチは要約のスキルを駆使して、クライアントが当初話していた問題と関係づけてみます。

人は、自分が感情的に反応した理由を理解したときに、自身をより深く知ることができる。

クライアントの感情の変化に気づくことは、非常に有効なのにあまり使われないコーチングスキルです。

私が著書『The Discomfort Zone（不快な領域）』を書いたのは、クライアントのネガティブな感情を見逃したり、それについてコメントしようとしなかったりするコーチが少なからずいたからです。彼らは、クライアントが意気込みや情熱、安堵について語るときは熱烈に支持し、肯定しますが、怒りや皮肉、罪悪感といった暗い感情を口にすると、同じ反応をしません。そのほか、クライアントの悲しみに気づいて、あわてて癒しの言葉をかけようとします。共感するより同情してしまうのです。

クライアントを楽にしてあげようとするのは、残念ながら、本人が自分の感情と向き合い、自身をより深く理解する機会を奪う結果になります。感情的になってしまい、コーチに悪かったと思ってしまうクライアントさえいるのです。

コーチングの最中に感情的になったクライアントに助け舟を出すと、その人はそれ以降、コーチの前で自分の感情を十分表現できなくなります。

感情は成長の糧になる

人間の感情の中にはネガティブで悪いものがあると、私たちは教えられてきました。皆さんと同様、私自身も幸せな気分でいるのが好きです。明るい気持ちのときは仕事もはかどります。将来に楽観しているときの私は、つき合いやすい人間のほうだと思います。

一方で私は、怒りの力を使って大きな決断を下してきましたし、恐怖心を通じて自分の勇気のほどを測り、悲しみから何が人生で大切なのかを学んできました。

クライアントにとっても、安心して涙を流せる場があり、コーチの前で怒ったり傷ついたりできて、コーチも含め誰も信じたくないときでさえも人に受け止めてもらえることが必要です。

自信を持てなかったり将来に悲観したりするクライアントを、コーチは、誤った期待を抱かせずに受け止めるようにします。クライアントの話に熱心に耳を傾けてきた身であっても、相手の手を握るまではせずに思いやりを示すことはできます。

クライアントは、感情をあらわにできて初めて成長できる。

クライアントを慰めようと涙をふくティッシュペーパーを取りにいく行為さえも、コーチングにとっては痛手になる場合があります。コーチが助けに入るのを見て、クライアントは、自分が理解されず、弱い者扱いされていると感じるかもしれません。

「相手を支えている」と思っての対応が逆に、クライアントの自由な感情表現をしにくくさせる恐れがあるのです。

クライアントは、コーチに元気づけてもらう必要はありません。どんな感情を持っていても大丈夫だと認めてもらいたいのです。全面的に受け止めれば、クライアントは自分の気持ちを素直に吐き出し、そこから自身の理解を深められます。

自分の感情の出どころがわかれば、思考は左右されにくくなります。自分に今何ができて、何をしなくてはいけないかがはっきり見えるようになります。自分の感情から学び、先延ばししてきた決断に踏み切れるようになるのです。

相手と一体とならずに共感する

私たちは他人といるとき、相手が発する感情の信号を感じ取り、自分の経験に基づいて解釈しようとします。これまでの経験をよりどころに相手に共感し、その気持ちの訳を自分なりに理解しようとします。しかし、相手の感情の変化に気づいて、それを理解するのは、これとは異なります。

共感は主観的なものです。人の気持ちを解釈しても、その見方が正しいか間違っているかはわかりません。話し手の感情を本能的に感じ取ることはできます。しかし、その感情が生まれた背景を理解するのは、正しくできるときもあれば、できないときもあるのです。

CASE STUDY

私がかつてコーチングした経営者は、管理職を任せていた女性との面談が気がかりでした。その女性は部下たちの不評を買っていました。経営者は女性を降格させるつもりで、面談で本人の納得を得ようと思っていましたが、会社を辞めてしまうのではと気をもんでもいました。

面談の進め方について私たちが話し合ううちに、経営者はいら立ってきました。ついに頭を下げ、低い声でつぶやきました。「しかし、彼女こそ逸材だと思っていたのに」そして頭を上げると、女性の移り気な点について再び話し始めました。

私は、クライアントの姿勢や声の変化にも気づきましたが、「彼女こそ逸材と思っていたのに」とつい漏らした言葉に、胸が痛むのを感じました。そこで、私は言いました。

「ちょっと待ってください。今、頭を下げ、低い声でおっしゃったことに戻ってもよいでしょうか。彼女こそが何とかとおっしゃったところです。静かに、悲しまれているように感じました」

クライアントは息を深く吸い込んで言いました。「悲しいというより、恥ずかしいんです。私が間違ったのかもしれないと。彼女を早く昇進させ過ぎたのかもしれない」

「面談にその話をどう生かせるかについて、話し合ってもよろしいでしょうか？」

クライアントはしかめ面になりながらも、「もちろんです」と答えました。私がクライアントの感情を見逃さなかったことが起点となり、クライアントは女性から非難されるかもしれないという心配と向き合えるようになりました。心配の程度を認識したあとは、やはり早過ぎた昇進が間違いだったと認めることになりました。そして、そのあとは会話の焦点をがらりと変えて、クライアントが女性に感じたひらめきを正確に伝え、再び管理職に就けるよう訓練とメンタリングを受けてほしいと説得できるか話し合いました。

クライアントは変わらず女性の可能性を信じていたのです。

クライアントの感情変化に気づいたら、それを本人に伝えてください。そして相手の反応を待つか、変化した理由を聞いてください。クライアントが興奮したのは、本人にとって大事な点が含まれているからなのか。もし不安を感じているなら、その不安はどこから来ているのか。

コーチの側で感情変化の理由がわかる気がしたら、あくまで一つの考え、ヒントとして伝えてください。いらいらするのは、今の仕事の内容に起因するのか、将来の道筋が立ってないからなのか。自分がいないところで決定されたから怒っているのか、それとも自分が声を上げなかったから怒っているのか。

感情の解釈はクライアントに任せてください。コーチのヒントは、本人の解釈と開きがあったとしても、思考や感情をより深く考えるための土台となります。ヒントの内容を修正しながら、クライアント自身も感情の出どころをより明確にできるのです。

クライアントの感情変化に気づく力が自分にはあると信じる。
そして、相手に関心を持って接し、感情変化の理由を探る。

クライアントの経験がコーチ自身の経験と重なるところがあっても、その話は自分の胸の中にしまっておいてください。自分もかつて似た思いをしたと伝えた時点で、コーチングから離れてしまい、相手を癒すことに重心が移ってしまいます。

クライアントに鎧を脱いでほしいと願うなら、自分の中で湧いた感情は消し去るようにしてください。関心を向け、思いやりを持って接して、安心して会話ができる場所をつくってください。そうすれば、クライアントと一体となって感じるのでなく、その気持ちを客観的にとらえて理解できます。

人は、言葉を超えて理解されたいと思うものです。クライアントの感情の揺れに、思いやりと関心を持って接すれば、あなたを信頼してくれるでしょう。

職場で人はたいてい、周りに理解されたい、共感してもらいたいと思うものです。コーチングの場であれば、なおさらそうです。自分の不快感や心労をコーチに感じ取ってほしいし、その感情を言葉でうまく言い表せないときは特にそうです。また、思いやりをもって反応してもらいたいとも思っています。コーチは、クライアントの気持ちがセッションの目的とどのように関係しているか尋ねてください。その感情を本人が深く掘り下げたいか、そうではなくただ安心して話したいだけかを見極めてください。

共感し過ぎるのは良くないか

コーチングスキルを教える授業で、私は生徒から、クライアントに共感し過ぎるのは良くないかとたびたび聞かれます。

相手の気持ちを感じ取って同じような気持ちになるのなら、答えは「良くない」です。そうではなく、相手の気持ちを感じ取っても自分の中にため込まず、相手が安心して話せる場をつくれるのなら、答えは「良い」です。

コーチの共感する力は、気持ちが伝染して相手と同じ気持ちになることではありません。人は、何を話す場合でも、存在を認めてもらい、話を聞いてもらい、尊重してもらいたいものです。批評の目にさらされず、安心して自分を表現したいと思っています。コーチに一緒になって悲しんだりストレスを感じたり、怒ったり、心配したりしてほしいわけではありません。

クライアントの気持ちを感じ取るだけに終わらず、同じ気持ちになってしまうと、クライアントはコーチの気持ちに対処しなくてはいけないと考えてしまうかもしれません。コーチの気持ちを乱してしまい、気がとがめたり、すまないと思ったりするかもしれません。

クライアントの感情変化に気づいたら、すぐに何の批評も加えずに相手に伝えて、その感情を自分の頭から消してください[01]。体をリラックスさせてその感情を受け流し、再びクライアントに神経を集中させてください。クライアントの感情を自分の中にため込んでしまうと、身体も気持ちもその感情に縛られてしまいます。

相手の気持ちが伝染すると、ストレスホルモンであるコルチゾールの血中濃度が高まり、感情を制御しにくくなります[02]。

コーチングでクライアントと同じ気持ちになるのは、相手との信頼関係を壊しかねません。苦しみをやわらげたい、楽にさせてあげたいと思うのは、コーチ自身も楽な気持ちになりたいからです。しかし、そうやって問題の修復に入ってしまえば、コーチングを離脱することになります。

クライアントの感情表現を前向きに受け止め、
本人がどんな感情も安心して表現できると思えるように接する。
相手の感情を感じ取ったと思ったら相手に伝え、
それからその感情を自分の中から消し去る。

クライアントの感情表現と変化に気づいたとき、自分の感情を差し挟まず平静でいられれば、クライアントを探求に導くことができます。本人の感情も収まり、明晰な思考が可能になります。コーチングも順調に進みます。

感情の変化に気づくための3つのポイント

クライアントの感情変化を本人に伝えるのは、非常に効果があると同時に、コーチにもクライアントにとっても難しい作業です。クライアントの気持ちの揺れに気づいたら、戸惑う気持ちを制して、観察したままをその人に客観的に伝えなければなりません。

クライアントにとって感情の変化を指摘されるのは、新しい気づきのきっかけになるのですが、最初は感情的に反応してしまうときがよくあります。次の点を参考にして、クライアントが表現した感情をうまく伝えるようにしてください。

1―クライアントが変えた姿勢や声の調子、顔の表情、息づかいに気づく

「先ほど気づいたのですが……」「先ほど、……のように聞こえました」「……のように感じました」などと言って、気づいたことを相手に伝えてください。そうに違いない、という気持ちで話してはいけません。

クライアントが指摘を受け止める時間をつくってください。そのまましばらく反応を待つか、でなければ、感情の変化の理由を聞いてみてください。自信がないようであれば、それまでの話をもとに、考えられる理由を挙げてみてください。それと違うと感じれば、クライアントは修正しようとするでしょう。そうやって、自分では見えなかった感情を浮かび上がらせられるのです。

クライアントが答えるのをためらっていたら、ロン・カルッチ（訳注・リーダーシップなどのビ

ジネス書の著者）がこんな切り出し方を提案しています。「あなたが黙っているのは、何か理由があるのでしょうか」「私が申し上げた点をきっかけに、また別のことを考えていらっしゃるようですね。私にも聞かせてくれませんか〔03〕」

クライアントがまだ自分の気持ちを話したくないようだったら、無理強いしないでください。はっきりとした気づきを得るまで、もう少し時間が必要なのかもしれません。

2　クライアントが何を表現しても、進んで受け止める

クライアントが、評価にさらされずに自由に何でも言えると思えるようにしてください。クライアントの気持ちの揺れに戸惑ったときは、息を吸って緊張を吐き出してから、再び向き合ってください。先入観が働いて相手を評価してしまい、体がこわばったら、息をゆっくり吐き出して、気持ちをすっきりさせてください。コーチを信じて問題を解決したいと目の前に座っている人を、どうか温かい気持ちで見守ってください。

身体的な危険を実際に感じない限り、あいだに感情的または身体的距離を置く必要はありません。

3　「相手に関心を持つ」力を磨く

人に関心を持ったときの頭や体の反応を覚えておいてください。そして、クライアントの感情に心が揺さぶられたら——相手を気の毒に思ったり同じ気持ちになったりして、共感が同情に変わりそうになったら——同情から関心に気持ちを切り替え、コーチングを再開してください。

第5章

脳を探る
——箱の中から宝を見つける

Brain Hacking: Finding the Treasures in the Box

箱から抜け出して考えてほしい……そう思っても、
彼らは箱の存在にさえ気づいていないのだ。

——リチャード・ボヤツィス

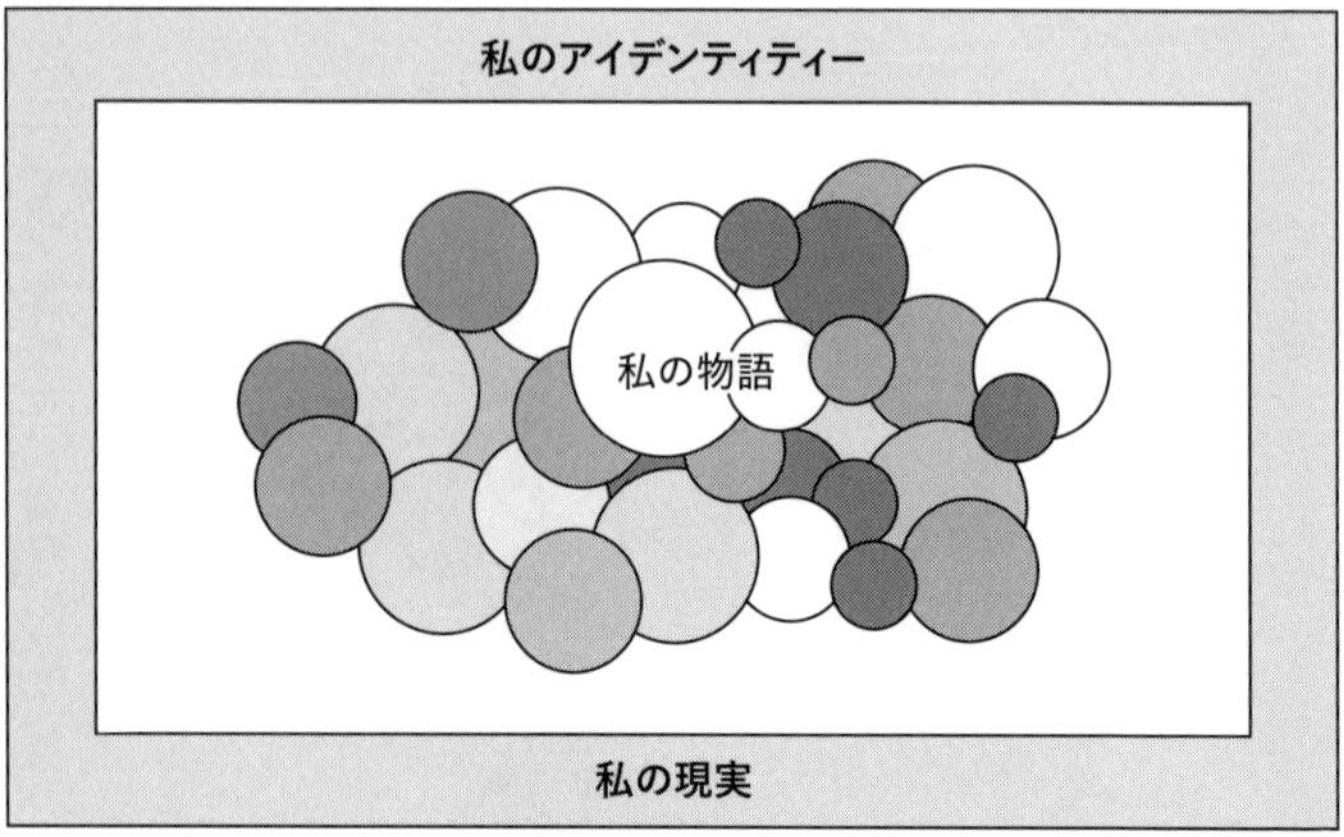

図1｜物語が詰まった箱

私の頭の中には箱があり、そこにはたくさんの「物語」が詰まっています。私の生活はこれらの物語で成り立っています（図1）。

物語を守る箱の枠は、年を経るごとにぶ厚くなっています。朝起きたとき、自分が何者でその日何をするのかは、物語に書いてあります。「いつも早起きする」物語を、私はこれからも変えないでしょう。「朝に運動する」物語は、この年齢としての生活の質を下げないために必須です。

私は、さまざまな考え方を柔軟に受け入れ、間違いを指摘されたら受け入れますが、コーチングに関する考え方は揺るぎないのでこの本を書いています。質問をされて答えられなければ、すぐにメンタリングを受けるか自分の著書や研究を見返して、「プロである」物語を維持しようとします。
世の中に不確実なものはたくさんありますが、私が確信を持てないものはほとんどありません。物語を参照して状況を理解し、その解釈が私の「真理」となります。政治哲学者のハンナ・アーレントは言っています。「理性の必要は真理の探究によってではなく意味の探究によって生まれる。そして真理と意味とは同じではない［01］」（訳注：ハンナ・アーレント著、佐藤和夫訳、『精神の生活　上』、岩波書店、1994年より引用）
人間の脳は、周囲の出来事に常に意味を与えようとします。そして、真理を検証することはほとんどないのです。

頭の中の箱は「自身」を守り、そしてかたくなにさせる。

あなたの箱の中にも物語がたくさんあります。同じ体験をしても、私たちの物語はそれぞれ違います。

箱の外枠は人生経験や学習によって形成され、目の前の事象に意味を与え（その人にとって

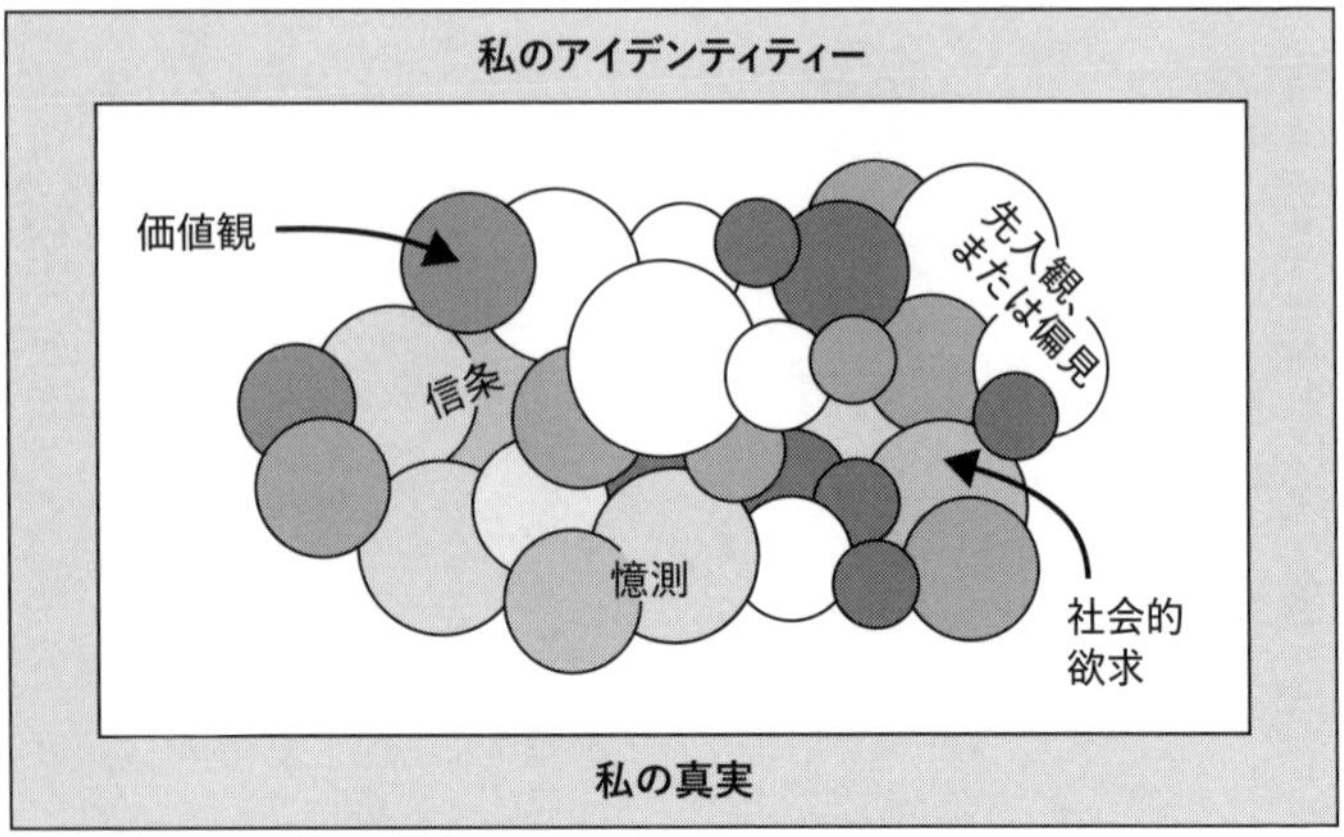

図2｜枠の中のコンテクストが、物語を形づくる

の真実)、自分が何者かを規定しています(その人のアイデンティティー)。朝ベッドから起き出すのにも、自分が何者なのかと、自分の真実を把握する必要があるので、外枠はかなり丈夫にできています。普段の会話で私たちは、この外枠は「正しいもの」と信じています。

外枠の中は、自分に関する「コンテクスト(文脈)」の領域です(図2)。そこには、自分にとって最も価値があるもの(価値観)、自分や人間関係を保つために必要なもの(社会的欲求)があります。価値観や欲求に基づいて、私たちは物事の善悪や正否を判断します。つまり、「コンテクスト」が生活のルールをつくっているのです。ルールには重要性に従って優劣がつけられています。ルールは他人に対して求める基準にもなっています。

信条や偏見、憶測は、経験から生まれますが、それらは価値観や社会的欲求といったフィルターを通して形づくられます。人生経験を重ねながら、私たちはコンテクストに照らして、その時々の状況に意味を与えます。その意味づけが、物語になるのです。


その人の価値観と社会的欲求が、信条と偏見を形づくり、それがさらに経験と混じり合って、物語となる。


コーチングは、内側から変化を起こすことで成功します。

コーチはクライアントの物語を聞き、物語を支えている信条や偏見、憶測を探ろうとします。この段階でクライアントは、新しい可能性に向けて心を開いている必要があります。

コーチングを通じて、クライアントがいくつかの信条や偏見を手放したら、その人の視野は劇的に変わります。物語は書き換えられ、クライアントは自信を持って計画を立て、決断し、行動すると誓うようになるのです。

信条に対するこだわりや、信条を手放すことへの躊躇がある場合は、本人が希望するときに限り、さらに深く掘り下げて、物語に価値観や社会的欲求が影を落としていないか調べます。クライアントの中の葛藤や恐怖、真に望んでいながら言葉にしてこなかったものが浮かび上がります。そこから新しい気づきが得られ、行動の可能性の幅が広がります。自分や現実に対する認識が膨らみ、物語を守っていた外枠に変化が起きます。外枠にひびが入ったり、枠そのものが広がったりしたときにブレークスルーが起こるのです。

外枠（アイデンティティーと現実）、内側のコンテクスト（価値観、欲求）、そして物語（信条や偏見、憶測によってつくられる）が、私たちの思考や行動に影響を及ぼす。これが私たちのオペレーティング・システム（OS）で、常に駆動している。

物語、コンテクスト、外枠のどのレベルに対しても、コーチングは効果を発揮します。すべては、クライアントの要望と覚悟次第です。

物語についてコーチングする

人は不確かなものを嫌い、目の前のことに意味を見出すのが得意です。信条や偏見、憶測を動員して、すぐに物語をつくり上げてしまいます。恐れが入り混じった物語もあれば、欲求や希望に裏打ちされた物語もあります。物語は記憶され、コンテクストの領域にしまい込まれます。この物語をもとに、私たちは物事を理解し、方向づけます。

物語は主観的なもので、誰もが自分の物語を信じています。『The Storytelling Animal（物語をつむぐ動物）』の著者ジョナサン・ゴットシャルは言います。「人間にとって、物語は重力のようなものだ。私たちを取り巻き、行動のすべてに影響を与える力場だ。しかし、重力と同様、物語はあまりに全能なので、それがいかに自分の人生を形成しているか、私たちは気づいていない［02］」

私たちは無意識に、頭の中の物語に従って日々を過ごしているのです。

そして、防御本能によって、自分から物語を変革しようとは滅多にしません。しかし、自分が語った言葉や描いたイメージを他人が要約し、言い換えて、繰り返すと、自分の物語がまるで本に書き出されて目の前に広げられたように思えるのです。

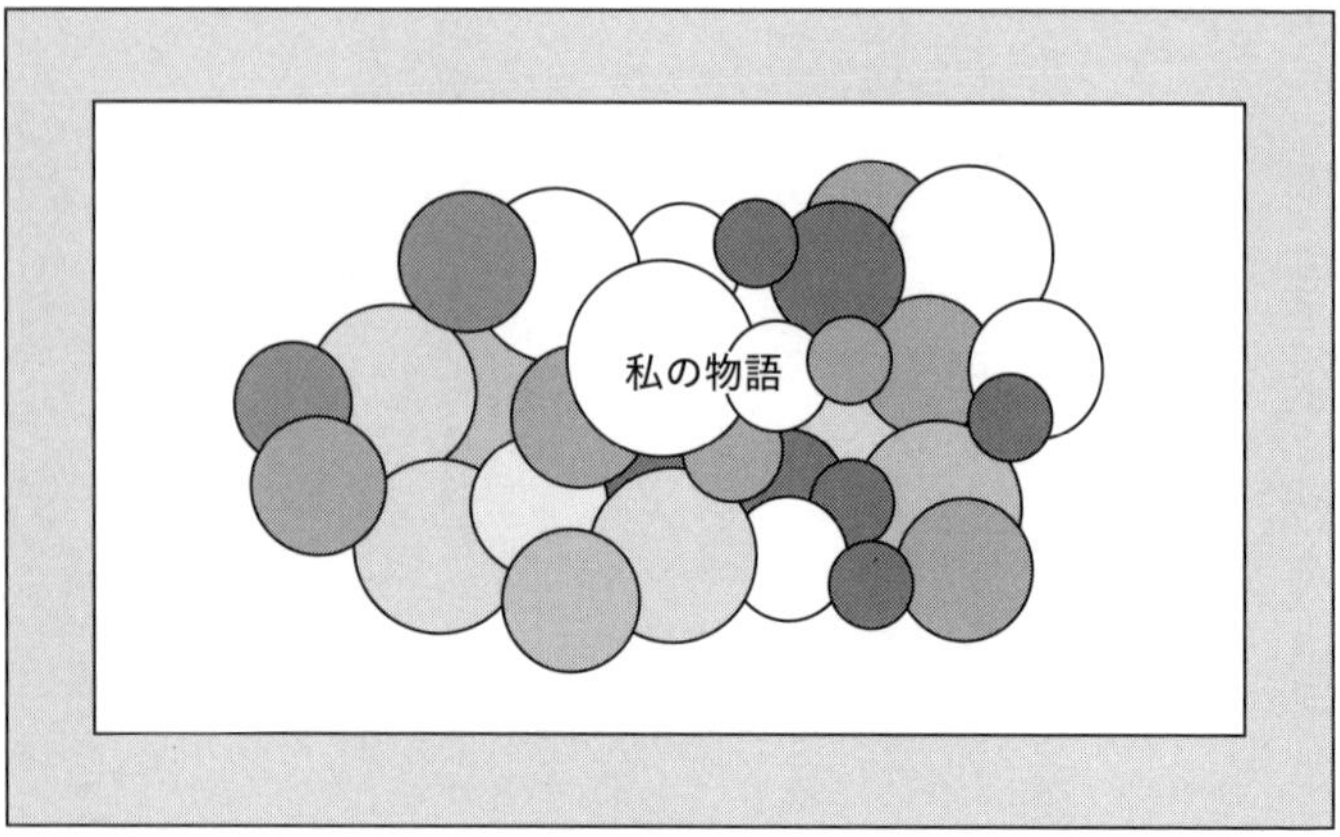

図3｜物語が目の前の事象に意味を与える

コーチングのスタート地点として、まず物語に焦点を当てるのは良い選択です。コーチはクライアントの物語を聞き、背景にある重要な信条に注目します。また、論理の穴や、その人の行動を縛っている憶測を掘り下げます。

物語に関するコーチングは、価値観や社会的欲求には立ち入りませんが、根拠のない恐怖や口にしてこなかった欲求を表面化できます。クライアントが想定していたより多くの将来の選択肢が生まれます。本当は望みながら面倒なために避けていた道も、話す中で明確になるかもしれません。

どこまで深化させるにせよ、コーチングは、クライアントの物語を聞くことから始めるべきです。

クライアントの話で最も見つけやすいのは、物語を支える信条や憶測です。古い考えや裏づけのない憶測を解体したり修正したりすると、クライアントはしばしば安心したようになります。現状打破したと感じる人もいるでしょう。クライアントは物語の殻を破ったのです。そうして、今までより落ち着いた気持ちで前を向けるようになるのです。

CASE STUDY

会社の吸収合併に向けて準備を進めている本部長をコーチングしたことがあります。彼女の部下の、とある女性が必要な報告書を期限までに提出しませんでした。また、会議で合併に否定的な態度をとっていたと、ほかの部下が伝えてきました。なぜ報告書を出さないのか、なぜ同僚たちをいらつかせるのか、移行プロセスに彼女が参画するために何をすべきかなど、この部下と話し合ってきたことすべてについて、本部長は私に詳しく話しました。

私は言いました。「彼女を救うためにすべてをやり尽くした、という感じですね」

本部長はため息をついて言いました。「そうなんです。彼女には考え方を変えてほしかった。けれど、もう辞めさせるべきなんでしょうね」

「これまでとってこなかった選択肢を『べき』と語るのは、妙ですね。どんな意味で『べき』とおっしゃったのですか？」

「これまで避けてきたけれど、とるべき選択肢だ、という意味です」本部長は言いました。「尻込みしているのはわかっています。ただ口に出してこなかったんです」

「もう口に出したので、もっとお話になれますね」

「正直に言うと、経営陣は、私がタフな決断をできるかどうか試しているんです。私の部門は、新しい組織の核になると見込まれています。独自の予算とCEOの権限を与えられた、単独ビジネスにさえなると言われています。そのためには適切な組織としてまとめ上げなくてはいけません。ただ私はあきらめたくなかっただけです」

「あきらめたら、どうなるのですか？」

「私は、今の事態を打開しなくてはいけないでしょう？　移行の際に組織の人間を一人でも失うのは、リーダーとして失格ではないでしょうか」

「しかし、先ほどあなたは、彼女を切って移行に最適なチームをつくれれば、できるリーダーと評価されると示唆していました。では、彼女を辞めさせたくないのは、なぜでしょう。ご自分の信条に基づく物語があるのでしょうか」

「私は誰でも救えるスーパーリーダーだ、と思いたくて」

「つまり、あなたの中でスーパーリーダーとタフなリーダーがぶつかっているということですね。スーパーマン対バットマンみたいに。いえ、スーパーウーマンですね。どちらのマントを羽織るか、選ぶ必要がありそうですね！」

本部長は笑い出しました。「マントはさすがに古いでしょう！」

その週のうちに、タフな決断のほうを選びました。そして一年も経たないうちに、CEOとなったのです。

クライアントの見方を変える最も早い方法が、問題の基礎となっている信条や憶測をコーチングで整理することです。すっきりと整理できさえすれば、クライアントは自信を持って前へ進めるでしょう。

信条と憶測を探る

クライアントの話に表れた信条や憶測を本人に伝え、それらがなぜ真実だと思うのか改めて問うと、別の真実の可能性が見えてくる場合があります。クライアントがかつてある状況を理解するのに役立った憶測に裏づけがなかったり、本人の考えが実は不合理だとわかったりする場合もあります。そのとき、クライアントの物語の内容そのものが変わります。世界がまるで違うように見え、人生が変わるくらいの効果を発するときもあります。

CASE STUDY

私が以前、見学したセッションの話です。クライアントは目標に対してもっと意欲的になりたいと望んでいました。今は情熱を失い、人生が灰色に見えると語りました。若いころは朝起きると目標に向かって働く意欲にあふれていたのに、年をとってさびついてしまったと嘆きました。

クライアントは、夫の背中の手術に家族の貯金を注ぎ込んだ話にも触れました。コーチは、お金がなくなって新しい目標が必要になったか聞きました。クライアントは、新しい目標が必要なのか、単なる計画でいいのかわからないと答えました。

コーチはまず、より望ましい将来像を描けないかと、本人の強みと価値観について探ろうとしました。しかし、クライアントはそれを拒否し、今は穴の中にいるようだ、まるで墓場のようだと話しました。コーチは、何が一番悲しいか聞きました。クライアントは、もう若くないのが悲しいと言いました。そこで、コーチは「今はもう新しい夢をつくる力はないようですね」と言いました。

「ないですよ！」クライアントは言いました。「私は昔の夢を取り戻したいんです！」

その怒りに、コーチも本人も驚きました。コーチは言いました。「誰がその夢を奪ったのですか？」

「手術を受けることになったのは、夫のせいではありません。でも、時々、やっぱり腹が立つんです。そして、そういう気持ちになる自分にまた腹が立ちます。そうして、何もしたくなくなるんです」

「今では、夢をかなえることはできないのですね」

長い沈黙があって、クライアントは言いました。「できます。でも、始めからやり直すようなものです。やり直すことが多過ぎます」

「つまり、若さを失ったというよりは、夢を追うのが困難になった、というわけですね」

「もう一回やり直すだけのエネルギーがあるか、わかりません」

「やり直す話について、もう少し考えてみてもよいでしょうか？」

クライアントは承諾しました。彼女は、新しい夢ではなく昔の夢への回帰を心から望んでいましたが、あきらめなくてはいけないと思っていました。かつて目標にして懸命に働いてきたものを失い、さらに夫を責めてしまう罪悪感も加わって、墓場にいるような気持ちになっていました。

コーチは言いました。「つまり、やり直せるかわからないというお話は、夢をあきらめるというより、この年齢で想定していたより多くの仕事をこなさなければいけなくなったという問題のようですね。先ほどは年齢のせいでやり直せないとお話しされましたが、今はどうお考えですか？」

「そうですね、おっしゃるとおり、年齢の問題ではないですね。ただ、いろんなことが変わったことに対して、やはり怒りはあります。おかしいですよね？　変わらないものなんてないのに。欲しいものがいつも手に入るわけじゃない」

「そう思えるようになって、何か考え方が変わりましたか？」

　クライアントは、若くなくても新しい人生は始められると言い出しました。思っていたより大変な道のりになるけれども、これまでの経験があれば、すべてやり直す必要はないと気づきました。

　さらに、あきらめかけていた夢を改めて掲げて、力が湧いてきたと話しました。それから、人生に腹を立ててもいいのだとも思えるようになりました。これまで、怒りは悪いもの、特に女性は見せてはいけないものと教えられてきました。そのために感情をストレートに出せなかっただけでなく、気持ちを抑え込むことで死んだような暗い気持ちになっていたと気づきました。夢を取り戻すために怒りをどう使うかコーチに尋ねられると、これから行動に移したいことを次から次へと挙げました。

　セッションを終えて、クライアントは力と希望を手に入れました。


「視点を少し変えるだけで、人生はがらりと変えられる」という話があります。コーチングは、現在や将来に対する考えに自ら疑義を挟むよう導きます。そこから生まれた新しい気づきは、自分がこれだけだと思っていた可能性の幅を広げ、目的達成に必要な行動の選択肢を増やしてくれます。物語はより豊かに、または異なるものに変化し、新たな人生が開けるのです。

偏見を探る

人は偏見でものを考えるときがよくあります。偏見とわかっていて態度などににじみ出るときもあれば、偏見と認識しないままあからさまに表現するときもあります。

偏見は、他人や物事を固定観念に基づいて評価することです。固定観念の殻の中に閉じこもっているので自分は傷つかないで済みますが、周りとは距離が広がり、他人に対して共感しにくくなります。

偏見を自覚している場合、その人は断固として偏見を守り、根拠があろうとなかろうと自分の正しさを信じます。職業倫理を第一に考えるのか、それとも仕事より家庭を優先するのか、といった例に見られるように、人生の価値観と偏見が結びついている場合は、周りも同様に考えるべきだと思う人もいれば、価値観の多様性を理解する気持ちがあれば、他人とは違うことを受け入れる人もいます [03]。

偏見がクライアントを目的から遠ざけている場合は特に、コーチはその偏見を本人に勘づかせたいと思います。良い指導者、親、または善い人間でありたいと願うクライアントであれば、進んで自分の偏見と向き合おうとするものです。コーチングだけでなく、違う価値観の人たちと敬意を持って話し合うことで、考え方が変わるときもあります。

デレク・ブラックは、父親のデイビッド・デューク率いる白人至上主義運動を引き継ぐ後継者として育てられました。しかし大学入学後、正統派ユダヤ教徒と夕食をともにし、対話を重ねるようになったある日、彼は以下のような書簡を公表しました。「私に対して、友達になりたいと思う人と交わるなと強要したり、ほかの民族や人種に特定の見方をして彼らの活動に注意しろと命じたりする運動を、私は支持できない[04]」

彼が大学で友人たちと囲んだ夕食では、憎悪や非難の言葉の応酬はありませんでした。そこにいた人たちは皆、お互いを知ろうとしていました。それぞれが自分の偏見を進んで掘り下げたために、かつては敵とみなしていた相手とのあいだに友情が芽生えたのです。

意識的な偏見に対し、無意識の偏見は盲点とよく言われます。年齢や人種、国籍、ジェンダー、宗教、生活様式と関わっている場合がよくあります。周囲の人をいらつかせるだけでなく、相手に深刻な傷を与える場合もあります。上司が部下に対し、偏見に基づいた評価をしてしまい、その人の機会や選択肢を狭めてしまう場合もあります。

コーチはまず、クライアントに無意識の偏見に気づかせ、それを持ち続けるか、手放すか、本人に考えてもらうことが大事です。自分の中の偏見に気づいたクライアントには、それについて考える時間が必要でしょう。過去に取った行動を恥ずかしく、または悲しく思っているようであれば、特にそうです。

偏見に気づいたけれど、手放さないというクライアントには、同じ偏見を周囲にも押しつけたらどうなるか想像してもらうといいかもしれません。皆も同じように考えなくていい、と少しは思えるかもしれません。第一歩としては上出来です。皆も同じ偏見を持つべきだという考えを少しずつでも手放せれば、大きな変革です。


クライアントの信条、偏見、憶測に耳をそばだててください。自分が聞き取ったものを相手に伝え、同意を得るか、修正してもらってください。解決法を考えるのでなく、クライアントの思考を探っていくことで、コーチングはより深まるでしょう。クライアントが感じている恐怖や、口にできなかった願望が浮かび上がり、固く閉ざされていた扉が開くかもしれません。そのとき、コーチは真の「考えるパートナー」になれるのです。

コンテクストについてコーチングする

頭の中のコンテクストから形成されるルールや基準は、私たちの生活のあり方を規定しています。私たちは、世の中の動きや周囲の行動について強固な観念を持って一日を過ごしています。これらの観念は、人生で最も大事なもの（価値観）と、自分自身や人間関係が快適であるために必要なもの（社会的欲求）の2つに基づいています。

クライアントの物語の構成要素である信条を探る中で、その信条を支える価値観や社会的欲求が見えてくるときがあります。それらは、地位や特権に対する考え、文化的規範、幸福や成功を成り立たせていると思うものです。物事に対する評価や恐怖もそこから生まれ、自分の物語の中に閉じこもる要因になります。

私たちは、自分の価値観や欲求に対し、疑いを持つのでなく承認しようとしがちです。自分のルールを疑うのが怖いからです。心理学者のジョシュア・アロンソンは「恐怖は、好奇心の敵だ[05]」と言いました。コーチングは、価値観や欲求と向かい合う恐怖を乗り越えさせてくれます。内省的探求を用いれば、自分の信条を疑い、デューイが言ったように「あやふやで不確かな中でも、人は心の中で木に登れる[06]」のです。この視点を持てれば、クラ

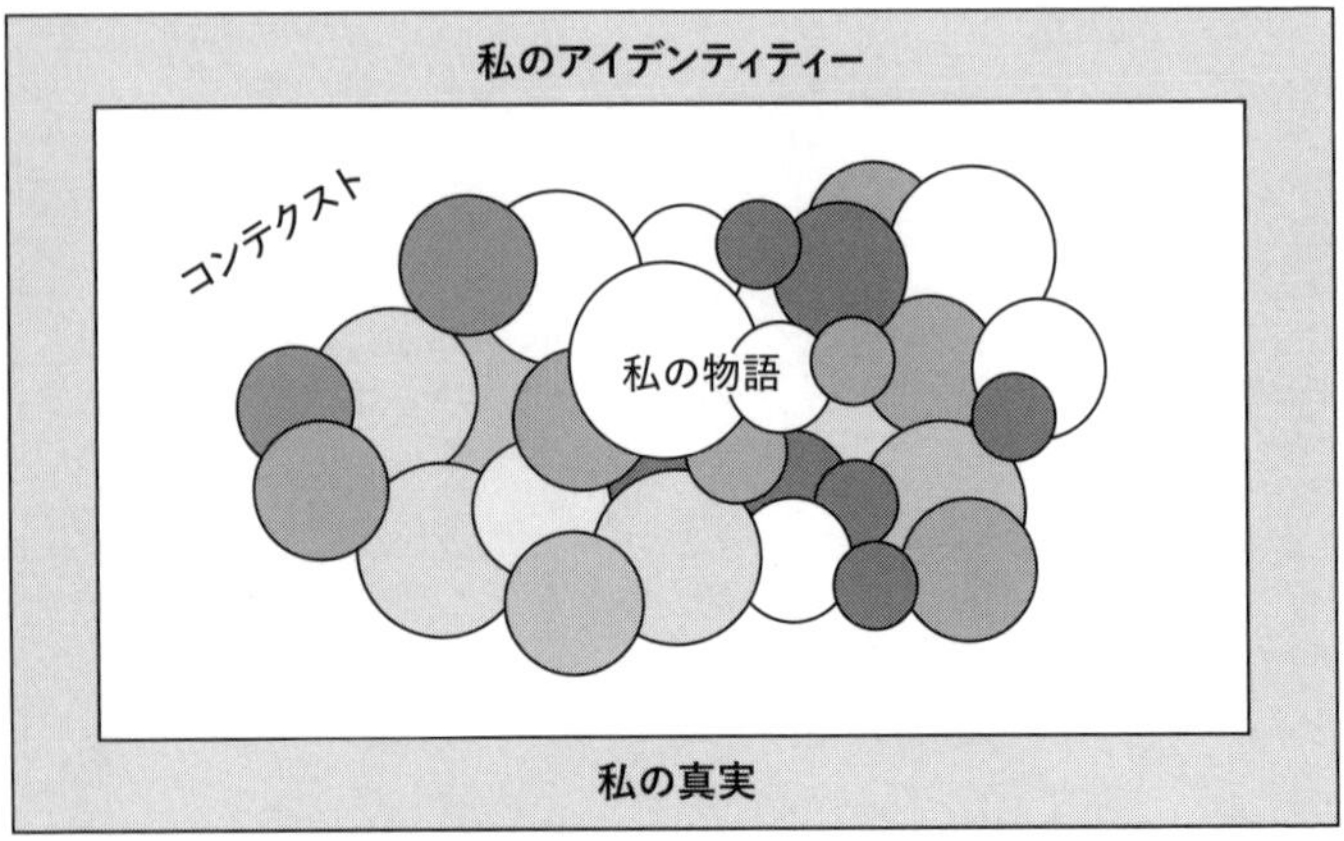

図4｜価値観と社会的欲求から成るコンテクストの中に、物語はある

イアントはより客観的に自らの考えを検証し、前向きに学ぼうとします。

社会的欲求を探る

「もの欲しそうな人間は嫌いだ」と誰かが言うのを聞くたびに、私は独り笑いしてしまいます。社会的な動物として、人は誰もが欲求を持っています。それは、周囲とつながり、活躍したいと願う社会的欲求に突き動かされているからです。

社会的欲求のメリットは、成功の原動力となることです。私の場合、注目されたいという欲求のおかげで、著者、教師、講演者として実績を上げることができました。認められたいから、良い仕事をしたいと私は思います。自分で管理したいから、事業を手がけています。

あなたの社会的欲求と価値観も、あなたのアイデンティティーを形づくっています。人生の早い段階から、何が成功に導いてくれるかを学び、取り込んできたはずです。周りに注目され認められるために、あるいは注目されるのが不安な場合は目立たないようにするために、どうすればいいかも知っているはずです。何が得意で自分のよりどころになっているかも、学んできたでしょう。年をとるにつれ、どこに境界線を引けば仕事も私生活も快適に保てるかも把握しています。

ただし、その境界線を他人に求めるかどうかは人それぞれでしょう。あなたが他人に求めるもの、たとえば、敬意や承認、秩序、制御、好感、自立などが、あなたのアイデンティティーの一部になります。

一方で、社会的欲求は、拒否されたり侵害されたりすると、恐怖や怒り、復讐心、失望、いら立ち、悲しみなどの感情を引き起こします。期待していたものが手に入らなかったとき、私たちは感情的に反応します。そんなとき、コーチングでは、なぜそれを手に入れたかったのか探り、ときには、手に入らなかったと決めつけている思い込みに疑問を差し挟む必要があります。そうすることで心の縛りを解き、次の行動をどうやってより良いものにしようか考えられるのです。

論理的に考えて決断していると思っても、
無意識のうちに社会的欲求に従って行動しているときがある。

クライアントが否定的に語り始めたら、どのような社会的欲求を満たしたいと思っているのか、またはどんな欲求が実現困難だと心配しているのか理解するようにしてください。クライアントは憤慨のあまり、周囲の人たちのせいだと決めつけるかもしれません。もしくは、すっかりあきらめて、「もう変えられない。辛抱するしかない」とぼやいてみたり、または「ちくしょう、どこかでこの借りは返す」などとすごんでみせたりするかもしれません。

欲求自体は、悪いものではありません。欲求があるのは、人生のどこかでそれが役に立ってきたからです。たとえば、ある人は自らの経験から、人生の成功は自制心を持ち、安心できる環境をつくり、自分の知性を評価してくれる仲間に囲まれることで得られると考えるでしょう。人はしばしば、欲求を満たすために行動します。家族や同僚が欲求を少しでも満たしてくれれば、とても幸せになれるのです。

しかし、欲求を満たしたいという思いが強ければ強いほど、満たしてくれそうもない人を警戒するようになります。その人は自分の欲求をからかうことさえあるかもしれません。欲しいものを入手できず、そのことを軽蔑されたりすると、人は感情的に反応します。

このようなときは、相手の意図とその結果を見極める必要があります。その人はあなたの欲求を否定するつもりで行動しているのか、それとも単にあなたが被害者意識を持ち過ぎているだけなのか。その人に悪気はなかったのに、あなたはそうは受け止めなかった、という場合もあるかもしれません。

社会的欲求が原因で感情的になっていることに気づかなければ、その欲求に振り回されるだけです。反対に、自分が何を求めているのか——自分がどのように扱われ、物事をどのように進めたかったのか——を正直に打ち明けられるのなら、周囲に実はこうしてほしかったんだとお願いする選択肢も持てます。もしくは、自分の欲求が実現しなくても失うものが大して多くなかったのなら、深呼吸をして、欲求を自分の中から消し去ることもできます。

自分の欲求を知れば、どう反応するか選ぶことができる。

以下のリストは、実現しない、もしくは実現しそうにないと感じたときに、人が感情的になってしまいがちな社会的欲求です[07]。

受け入れられる　尊重される　好かれる　愛される
理解される　必要とされる　大切にされる　仲間として扱われる
自分を制御できる　正しく行動する　公正に扱われる
注目される　居心地がよい　自由である
穏やかでいられる　バランスがとれている　首尾一貫している
規律がある　選択肢がある
安全である　予想がつく
自立している　新しい挑戦をする　楽しむ

クライアントの社会的欲求を本人が把握できるよう、コーチはまず、その人の感情的な反応や感情の変化、特に否定的になったときに気づいてください。

実現しなかった欲求について話しながら、クライアントが怒ったり悲しんだりすることがあります。そんなときは、次のような言葉に敏感になってください。「約束したのに」「あんなことを決めるなんて」「わかっていない」「またやらかした」。「もう疲れた」「もうここにいたくない」などの表現が飛び出すかもしれません。

コーチは、クライアントが自分の気持ちに向き合えるようにしてください。何を裏切りと感じたのか。なぜ軽蔑されたと思ったのか。何にいら立ち、何が信じられなかったのか。気持ちを整理することで、クライアントは満たされなかった欲求を知り、なぜ感情的に反応したのかがわかります。

クライアントが欲求を把握できたら、次に、以下の選択肢の中から一つ選んでもらってください。「あなたは」という言葉から始めます。

1 してほしいことを相手に頼めますか？（たとえば、話を聞いてもらう、少しでも認識してもらう、または決定過程に加えてもらう）

2 したいことを別の手段で実現できますか？

3 今回経験したことを、次の機会に生かすことにしますか？（たとえば、どんな点を受け入れるか、または改善するか？　もはや不必要と思われるものはあるか、切り捨てられるものはあるか？）

クライアントの欲求について、コーチは意見を述べないように気をつけます。クライアントの欲求が、コーチのそれと重なるときもあれば、そうでないときもあるでしょう。中には、コーチにとっては些細な欲求と映るものもあるかもしれません。しかし、クライアントにとっては一大事なのです。その人が必要とするものを軽視しないでください。

読者の皆さんも、私も欲ばりです。クライアントも皆、欲ばりです。私たちは欲しいものをどうすれば手に入れられるか、よく考えます。欲しいものを与えない相手に対しては、ときに家族でさえも、避けたり、反抗したり、距離を置いたりします。自分の気持ちと、かなえられなかった欲求について語ることで、前進するために何が必要か見えてきます。

価値観を探る

人が一番大事だと考えているものが、その人の価値観です。「コンテクスト」の領域で、最も揺るがない要素です。私たちは自分の価値観に従い、仕事や友人、人間関係、将来の夢を選びます。価値観に沿って暮らしている限り、私たちはおおむね幸せでいられます。

ある価値はほかの価値より重く、時間の経過とともに、この優先順位は入れ替わります。さまざまな出来事や年齢を経るうちに、大事なものは変わります。私の場合、年齢を重ねるごとに、健康維持の活動の価値は重くなっています。子どもはおらず、親はすでに亡くなっているので、家族の価値は薄まり、代わりに友人の価値が重くなりました。20代や30代は他人に勝ることに熱心でしたが、最近は学びたい気持ちのほうが大きくなっています。コーチングの会話の中で価値に光を当てると、クライアントにとってどんな価値が重くなり、どんな価値が軽くなったか本人が自覚できるようになります。

クライアントが大事にしているもの、たとえば、たっぷりの愛情、心の平和、自由、達成感、心の均衡、成功、冒険といったものが、コーチングの目標に反映されるのが理想です。クライアントがはっきりした目標を定めたら、その目標が本人にとって、特になぜ今、大事なのか探ります。目標はすぐに、またはいずれ、その人の価値観に沿うようになり、満足感や幸福感につながるでしょう。

人がよく持っている価値観は、以下のとおりです。

・達成感　　　具体的な任務やプロジェクトが成功裏に終わる

・向上心　前進する　大志を抱く
・冒険　挑戦する　リスクを負う　限界を試す
・美的価値　美しいものに囲まれる　芸術表現する
・挑戦　心身の限界を試す
・共同体　親しく交わることができ、助け合える人が地域や職場にいる
・競争力　仕事に長けている　有能である
・創造力　新しい手法を見つける　制作する能力がある　未知のものを発見する力がある
・環境　地球や自然を重んじ、安全で快適な場所に暮らす
・公正　すべて人の権利を尊重する
・家族　親族の世話を進んで行い、ともに時間を過ごす
・自由　自由に決断して、選択する
・友情　親しい仲間とつき合う　継続して助け合う
・健康　健やかな身体を維持、増進する
・助け合い　他人の面倒を見て、活動しやすいよう支援する
・正直　誠実でうそをつかない　約束を守る

・ユーモア　愉快である　陽気である　無理なく楽しむ
・自立　独立独歩　自主性を持つ
・内なる調和　葛藤がない　人格が統合されている　円満である
・けじめ　信条から外れずに行動する　有言実行する
・知性　見聞を広め、学問について人と議論する
・親密　他人と深くつき合う
・心の安寧　他人やグループと穏やかにつき合う
・忍耐　最後までやり通す　任務や目標をまっとうする
・個人的成長　継続して学習する　自己啓発に励む
・快楽　個人的な満足にひたる　楽しむ　喜びを味わう
・地位　所属する社会的集団の中で重んじられる
・権力　物事を指揮したり動かしたりする能力を持つ
・繁栄　活躍する　裕福である　望みを簡単にかなえられる
・宗教　信仰と深くつながる
・安心　心配がない　脅されない
・霊的なもの　神聖なものや見えないものの力を信じる

・安定　　　　　　確かである　予想できる
・チームワーク　共通の目標を目指して力を合わせる
・伝統　　　　　　過去から行われてきたものに敬意を払う
・勝利　　　　　　競争に勝つ　頭角を現す

価値観のマイナス面は、融通が利かないことです。自分と同じ価値観を他人も持つべきだという考えに凝り固まると、家庭でも職場でも、異なった価値観の人と通じ合ったり協力したりできなくなります。

私もコーチングでたびたび経験してきましたが、そのような人は、周囲や職場の価値観を受け入れられず、自分の信じるものをかたくなに守り、別の見方をしようとしません。妥協の余地はなく、ほかの人の価値観こそおかしいと説得しようとさえします。

コーチとしては、その考え方を再現してみせるしかありません。クライアントがそれを受け止め、自分の論理に行き詰まりを感じたら、そこから何をすべきかはその人次第です。

コーチは、クライアントの態度で気づいた点を伝え、それが仕事や人間関係、健康、願望にどんな影響を及ぼしているのか探ります。クライアントは別の道をとろう、または選ぼうとどこかの時点で思うかもしれないし、思わないかもしれません。

A・H・アルマース（訳注・スピリチュアル系の指導者）は、著書『The Unfolding Now（いま、新たに始まるもの）』でこう書いています。「私たちは、人生で起こることに順応するうちに、自分自身をより微細に理解できるようになります[08]」

クライアントも、信条や感情表現、欲求不満、価値観の衝突を探る中で、自分について深く知ることになり、人間としての枠を広げていきます。こうしたことは人生で何度も繰り返されます。そのたびに、経験したことの意味を見出すのです。

クライアントの物語を支えるものは何か？それを探るための3つのアドバイス

コーチングに必要なものは、すべてクライアントが持っています。

頭の中では、その人の考えがぐるぐると回っています。そこにコーチが内省的探求によって介入すると、クライアントははたと立ち止まり、一歩下がって、信条や恐怖、価値観や願望の不一致、直面する問題に関わる欲求などの思考をたどるようになります。そこから状況をとらえ直し、新しい道を見つけるための視点を獲得するのです。

クライアントが新しい視点を用いて目標を目指せるよう、本人の思考に介入する際のアドバイスを挙げます。

1｜クライアントの物語を支える信条に評価を加えない

問題に対するクライアントの解釈を受け入れる気持ちで聞いてください。相手が話したいだけ、少なくとも同じ話を繰り返し始めるまでは、話してもらってください。その中で、「本当に」「でも」「しなければ」など、その人が強調した言葉や鍵となりそうな言葉に注意を払ってください。聞いたことをアクティブ・リプレイで再現し、クライアントが語った物語を、大事な要素が残る最小限度まで削ぎ落としてください。そして、こんなふうに語りかけてください。

「お話を伺って、このようなことが起こった理由としてお考えなのは、……ということなのですね」

「……についてお話しくださったとき、大変憤って（ほかに、興奮して、静かになって、防御的になって）いらっしゃいました」

温かみがあり、関心を持っているような調子で話しかけてください。自分の意見や評価、分析は会話に差し挟まないように。評価する気持ちを持たなければ、クライアントと信頼関係ができ、クライアントが思い切って胸を開き、探求を始めようと思えるようになります。

2―クライアントの感情的な反応や変化に気づく

できると思っていたのに実現しなかった話をしながら、クライアントは怒ったり悲しんだりします。たとえば、クライアントが「……と約束してくれたのに」「こんな状況では働けません」「また始まったんです」などと言い出したり、「今のお話がすべてです。もう疲れました」と吐き捨てたりしたときは、決して聞き逃さないでください。何を期待していて、なぜそのとおりにならなかったのか、クライアント本人に話してもらってください。

なぜ不快かつ最悪な状況になったのか。満たされていない欲求がわかったら、そこからクライアントは、それを満たす方法もしくは手放す方法について考えられます。より良い将来につながると思われるのであれば、満たされない欲求を抱えたまま生きていく道もあります。

3―クライアントの価値観に関わる場合は特に、クライアントの努力と意向を尊重する

クライアントが心を開いてくれるよう、誠実に、以下のような言葉をかけます。

「可能な限り良いリーダーになろうと努めていらっしゃるのは、私も知っています」

「子どもたちができるだけ多くの選択肢を持てるよう、本当に力を注いでこられました」

「確かにあなたは、このプロジェクトで良い結果を出そうと奮闘されています」

こうしたコメントをきっかけに、クライアントが許容できる解決法や、受け入れがたい結果などを整理することができます。

クライアントが考えられる方法をすべてやり尽くし、さらに前へ進む気持ちがあるようなら、こんな問いかけもできます。

「あなたは人事を尽くしました。これ以上何ができるでしょうか?」

クライアントが自ら自信を持って判断できれば、こだわっていた価値観さえも捨てられるはずです。

第6章

Goaltending: Staying the Course

着地点はどこか

――筋道から外れない

目指すのは場所ではない。新たに獲得する視点だ。

――ヘンリー・ミラー

コーチングの当面の課題が何であったとしても、コーチは常に会話がどこを目指しているのかを把握していなければなりません。明確な目標を設定していなければ、クライアントはコーチングで得られた大事な気づきを、本当の願望の実現に生かすことができないからです。

とはいえ、会話が道筋をそれないよう気をつけても、クライアントの信条や欲求、価値観、迷いを探るうちに、願望の内容が広がったり、内容の方向性がずれたり、願望がまったく別のものになったりします。

そんな変化が起きたときは、セッションの終わりまでに、合意を得たうえで新しい目標を定める必要が出てきます。

クライアントには新しい目標のために行動すると約束してもらいます。自分が本当に望んでいるもののために行動することは、本人の達成感につながります。

コーチングのブックエンド

本を横一列に並べたら、倒れないように両端に重いものを置きます。ブックエンドは、列の最初と最後にあるものです。あいだに挟まれた本は、入れ替えたり取り出したりできるし、新しい本も加えられます。別のブックエンドに変えることもできますが、ブックエンドそのものをなくしてしまうと本が倒れてしまうので、取り除くことはできません。

コーチングのブックエンドを確立する――目標を立てて次の行動を約束する――ことで、クライアントは先を見通して新しい行動に取り組むことができる。

目標が明確でないと、話はあちこちに脱線して、堂々めぐりになりがちです。クライアントは話しながら、新しい意味合いを話に持たせたり、話に出てくる過去の自分の役割に妙に納得したりするかもしれません。しかし、問題を吐き出すだけで得られる安心や自信は長持ちしません。せわしない毎日に戻ると、コーチング前に感じていた困惑や怒り、無力感に再び苛《さいな》まれます。問題は相変わらず目の前に横たわっているのです。

目標を明確にすることは、目指す方向から外れないためのガードレールとなる。

丈夫なブックエンドを置くためにコーチが実践すべき点が3つあります。

1―クライアントが望んでいるものを解き明かす（「望んでいるものは何ですか？」）

2―目標への進度と目標の変化を把握し、その都度クライアントに確認して、目標が変わった場合は改めて目標をつくり直してもらう（「本当に望んでいるものは何ですか？」）

3―クライアントが得た気づきを確認し、目標に向けて行動するよう促す（「これから何をしますか？」）

本章では、クライアントにとって最善の目標をどのように見つけ出すか説明します。いっ

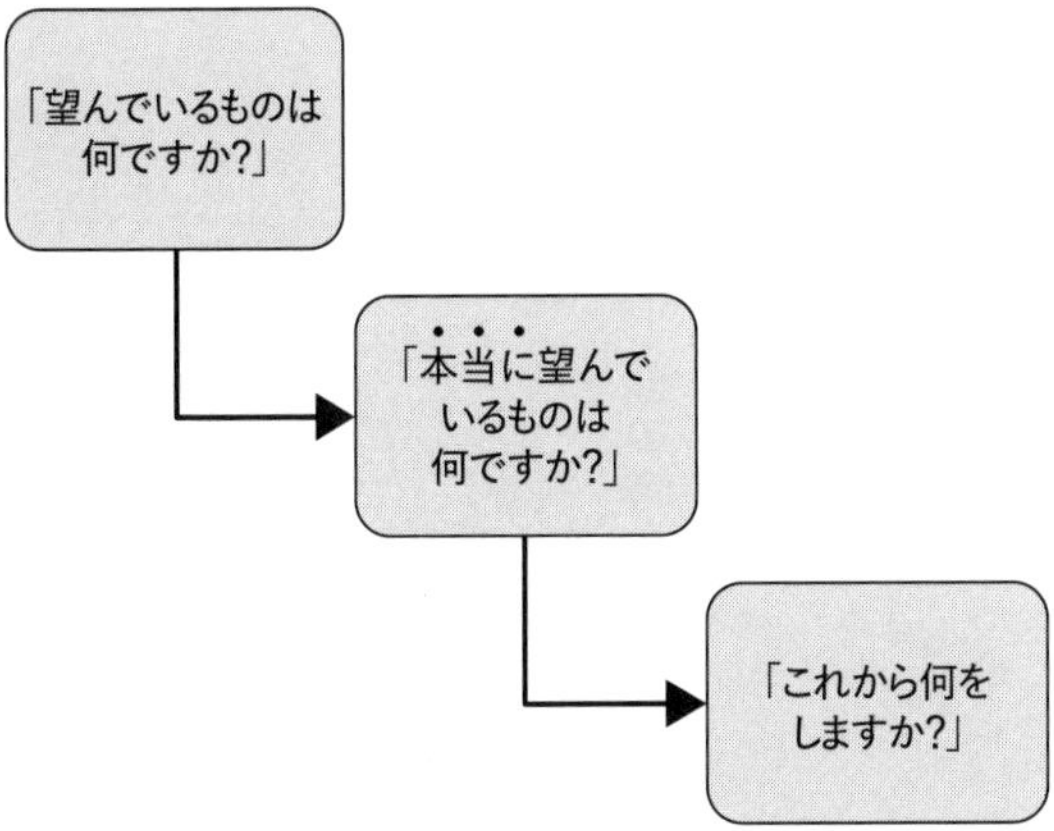

図5｜コーチングがたどる筋道

たん目標が定まれば、あとは賢くて機知に富むクライアントがなぜ道を阻まれているのか、その問題に集中できます。また、途中で目標が変わっても進むべき方向を見失わないための方法も説明します。クライアントに次の成長に向けて行動すると約束してもらい、セッションを締めくくる話は第7章でします。

クライアントが望むものを解き明かす

コーチングのセッションは、フリースタイルのラップに似ています。

アメリカ国立聴覚・伝達障害研究所の神経科学者のグループが、機能的磁気共鳴画像法（fMRI）を使って、プロのラッパー12人の脳を分析した研究があります。彼らの脳の実行機能（訳注・思考や行動を制御する認知システム）は、歌の最初と最後で活性化していましたが、曲のあいだは、自己監視や批評、編集に関わる脳の部位があまり働いていませんでした。このとき、ラッパーたちは「通常働いている監視的な注意力や実行機能の制約から解き放たれ」、ひらめきが生まれやすい状態にあったと研究者たちは説明しています[01]。

つまり、ラッパーたちは曲の初めに、脳の実行機能を使ってパフォーマンス全体のイメージを描きました。その流れをつかんだところで、頭の中の批評や分析のスイッチを切りました。これによって、脳はより活発に働くようになり、新しいアイデア――創造力――が次々と湧くのです。曲の終わりに近づくと、脳の認知システムが再び活性化し、曲の締め方を意識しながら歌い終えました。

コーチングもほとんどの時間、ラップと同じように、クライアントと自発的な会話をしながら、その人の目標を阻んでいる信条や欲求、価値観、恐怖を浮かび上がらせます。セッションを通じて到達すべき目的地を共有していれば、コーチは、クライアントが途中でつまずいたり道草を食ったりしてもあまり気をとめずに、進行中の会話の流れにより集中できます。

セッションを終えるまで会話は自由に進みます。

クライアントが真に望んでいることを明確に心に描き出すのは、思うほど易しくはありません。話すうちに感情的になり、視野が曇って、「自分が何を求めているのかわかりません」「何を望んでいるのかを知りたいんです」などと訴えます。

その際に、無理強いしてはいけません。肩の力を抜いて相手の話に耳を傾けてください。関心を持って内省を促していくうちに、クライアントの視野は晴れてきます。

1回のセッションでは必ずしも目標を明確に打ち立てられないかもしれません。しかし、満足できる道を選ぶためにはまず何を知るべきか、クライアントは理解するようになるでしょう。

問題解決やそのプロセスは、目標にならない

「今日は何についてお話ししたいですか?」という質問からセッションを始めても構いません。しかし、そこからが重要です。

ほとんどの場合、クライアントはそのとき頭の中を占めている話、たいがいは気持ちの重

荷になっている問題について話し始めます。しかし、問題を解決してみせるのは、コーチングの目標ではありません。ともに考えて何を改善できるか、または達成できるか明らかにするために、クライアントの言葉に耳をそば立て、感情の変化を察知してください。そうやって気づいたことを本人に伝え、クライアントがその問題でどんな結末を望んでいるか尋ねてください。

クライアントやほかの登場人物が同じ行動パターンに繰り返し陥っているようなら、再びその状況になったとき、ほかにどんな行動ができたらいいと思っているのか聞いてください。目標が見えてくるまで、時間はかかるかもしれません。しかし、周りから期待される目標ではなく、自身が本当に望んでいるものがはっきりすれば、クライアントはそれに向かって、少なくとも第一歩を踏み出そうとします。

CASE STUDY

クライアントは、大手小売チェーンの人事部長でした。業務が手に負えないと感じ、何から始めればわからなくなったと訴えました。そして、仕事の優先順位を決めるのを私に手伝ってほしいと言いました。私は答えました。

「この3年間、あなたは仕事で目覚ましい成績を上げてきました。その前は、スタンフォード大卒の優秀な弁護士でした。これまでの業績を考えたら、優先順位のつけ方は何年も前からわかっているはずです。そこで私はあえて聞きます。優先順位のつけ方を学びたいのですか。それとも、今なぜ優先順位をつけられなくなっているのか、そこを二人で探ってみますか」

長い沈黙のあと、クライアントは「モチベーションを失いかけているのです」と言いました。「なぜ毎日のように闘わなければいけないのか、わからなくなりました」。次に何を目指したいのかも思い浮かばないというのです。

「願望が2つあるようですね。現在の仕事の価値、または仕事の目的をはっきりさせる。もう一つは、将来の可能性について探る。どちらをしたいですか」

「まあ」クライアントは驚いて言いました。「今の言葉で、3年前に今の仕事に就いたとき、私は目的と展望を持っていたことを思い出しました。夫と共同事業を始める夢を抱いていました。でも、二人とも忙しくなってしまって、夫が今もやりたいと思っているか、今はまったくわかりません。だから将来が見えなくなったのかもしれません、最近は特に混乱状態だったので。これについてまず彼と話したほうがよいですね」

3日後にセッションを予定し、そのあいだにクライアントは夫と話し合いました。

再び顔を合わせると、クライアントは言いました。「二人の夢はまだ生きていました。あなたは正しかった。優先順位を決めるのに助けは要りません。現在の仕事をもう数年続けて、事業を立ち上げるのに必要な知識や経験を習得します。ついてはCEOとの今後のつき合い方について、コーチングをお願いできませんか」私たちは、CEOとの理想的かつ実現可能なつき合い方を思い描くことから始めました。

本当の目標がわかれば、最良の解決策もたいていわかるものです。コーチングで話を整理し始めて、数分で望むものをはっきり言えるクライアントもいれば、30分かかるクライアントもいます。そうして何をすべきかわかっても、第一歩を踏み出すために勇気を奮い起こし、背中を押してもらわないといけないクライアントもいます。

目標をはっきりさせると、その人は進むべき道を見つけられます。あるいは、やらなければとずっと思っていたものに向き合えるようになります。こうしたことは自分一人ではできません。ストレスで消耗している場合は、特にそうです。

ほとんどのコーチングのセッションは、解決すべき問題をはっきりさせるところから始まります。クライアントの中には、考え得る選択肢を吟味して意思決定したり、とるべき行動のリストやプランを完遂したりすれば問題を解決できると考える人がいますが、そこから目標が見えてくることはありません。当面の課題解決や意思決定、リストやプランの実行によってクライアントが得られるのは何か、コーチは見極めなければいけません。

しかしクライアントが、自分が信じる方法によって次のステップが見えると主張するのなら、選択肢を吟味し、リストやプランにはめることから始めることも可能です。セッションを通じて、本人が描く将来像が明確化できればいいでしょう。課題解決や意思決定、計画遂行を望む理由を探る中で、クライアントの願望――もしかすると不安――が浮かび上がるかもしれません。

もし勇気があるなら何をしたいか、あるいは、何をしないと1年後に後悔するか、本人に尋ねてみてください。もしかすると、クライアントが本当に望んでいる目標の一部が見えてくるかもしれません。

よくあるのが、クライアントが正しい意思決定をしたいと言い出しながら、実はすでに心は決まっていて実行を恐れている場合です。離職を検討していたり、プロジェクトへの誘いを断ろうとしていたり、または人間関係が傷つきかねない行動を考えていたりする人たちによくある話です。本人が話すとき、不安はあるけれど、ある選択肢を望む気持ちが伝わってきます。その気持ちを受け止めてあげれば、クライアントは自分がなぜ不安や後ろめたさを感じるのか、そして恐れている結果は本当に起こり得るのか、それとも単なる思い込みか、あるいは誇張なのか確かめられます。

クライアントの目標は、正しい意思決定をすることではありません。自分が選んだ道でやっていけるのか展望を持ちたいのです。恐れている結果の実像が確かめられたら、次にコーチは、いつ、どんな形で行動に移すかを、ともに考えます。

よくあるもう一つの例が、職場や家庭で充実感を得られない、感謝されない、仕事のプレッシャーで押しつぶれそうだ、といった理由から、気持ちに余裕を持ちたいとクライアントが訴える場合です。

その申し出を目標として受け入れた場合は、時間の使い方や仕事の振り分け方を考えることになります。そうせずに、クライアントを本当に消耗させているものを深く掘り下げる方向に目標を転じれば、会話はよりいっそう意義深くなるだけでなく、クライアントが未来に希望を感じて今を楽に過ごせるようになります。

人は、自分が望んでいるものがわからなかったり、口に出すのを恐れていたりします。**コーチの仕事は、クライアントが心の中にある願望を話せるようにすることです。**本当に望んでいるものが明確になると、次の行動を決めて実行するのが楽になります。

CASE STUDY

クライアントの女性は、自分が率いるプロジェクトチームのメンバー二人と力を合わせ、皆が納得できる行動計画をつくりたいと話しました。計画に盛り込みたい活動を選別し終わってから、私は言いました。「中身のあるものを二人に提示できそうですね。これを見せて何をしてもらいたいですか？」

「とにかく、何でもいいのでしっかり協力し合ってほしいと思います。この二人は、仕事で意見が対立していて、互いに譲ろうとしません。あまり時間がありません。彼らの処遇にもかかわる問題なのです。それをどうやったらわかってもらえるでしょう？」

クライアントの動揺が伝わってきました。私は聞きました。「このプロジェクトの結果に、あなたはどのくらい責任を持っているのですか」

「私の首だって危ないくらいです。でも彼らは私に何も報告しようとしないので、こちらからも仕事を頼めないのです。頼んでも無視されたら、どうすればいいでしょう?」

「計画を早く立てなければいけない中で、二人の対立に気をもんでいらっしゃるのがよくわかります。このプランを提示しても、何も起こらないと心配されているのですか?」

「ええ。でも私は直属の上司ではないので、我慢できる限界はここまでだときっぱり言って、線を引けないんです。」

「わかりません。引けませんか? 引いた場合、最悪の結果は何でしょう」

「二人が私を無視することですね。今と何も変わりません」

「線を引かなかったら、どうなりますか?」

「私は、今の状況を変えなくてはいけません。私を含め皆の首がかかっていますから」

「今おっしゃったとおり、あなたの目標は、ここが限界だときっぱりと線を引いて今の状況に真正面から向き合う。つまり、この仕事をなぜ今しなければいけないのか、その肝心な点を伝えるということですね。そうでしょうか?」

「そうなんです。とにかくそれを言わないと始まりません。なぜ今この仕事をやらないといけないのか。彼らが聞こえるように、声を大にして言わないと」

クライアントの決意は初めよりずっと強固になりました。自分を奮い立たせて二人に肝心な話を伝え、少なくとも二人で話し合うと約束させる、という新たな目標が決まり、それを前提にコーチングの会話が進みました。クライアントが用意したプランを提示するのは、そのあとということになりました。

まずクライアントに問題について語ってもらうとき、次のような点に気をつけてください。

1 ― クライアントは（たとえそれが言いづらそうでも）何を望んでいるのか？

クライアントの考えを要約したり、言い換えたり、短く言い表したりしてください。まだ実現していないけれど、どうなったらいいと思っているのか聞いてみてください。クライアントが問題の詳細を繰り返す場合は、根幹に迫って、その話に基づき本人が望んでいると思われる目標を挙げ、同意するか尋ねてください。クライアントのどんな反応も受け入れてください。

2｜最も大事だと考えているものは何か？

クライアントの感情の変化をとらえて、満たされていない欲求に気づいてください。「私が本当に望んでいるのは……」「彼らはなぜこんな……もしないのでしょう」などとクライアントが言うときがあります。

3｜いら立ちや恐怖、困惑、あるいは罪悪感の原因は何か？

クライアントが、「でも」という言葉を使ったあとに、自分が予想する結末をしゃべり始めるときがよくあります。そこにどれだけのリアリティーがあるか探ってください。多くの場合、クライアントは「でも」に続けて、恐れていることや耐えなければいけないと思い込んでいることを語ります。なぜそう思うのか探っていけば、痛みを伴うかもしれないが本人が納得できる目標を立てられる場合もあります。

クライアントの言葉や感情を伝えていくと、本人が願望を口に出せないでいる理由を探れるようになります。それによって、自分が本当はどんな物語の結末を望んでいるのか、クライアントに気づいてもらうことができるのです。

話題と目標

リーダーとしてどうやって存在感を打ち出すかとか、変化に後ろ向きな性格をどうやって変えるかとか、職場の人間関係をどうやって築けばよいのかといったように、クライアントに「とにかく話したいテーマがある」場合があります。コーチングはいつも問題解決に当たるわけではないので、個人として、または仕事でどうやって成長するのかという話に集中するときがあってもいいと思います。

それでも、クライアントに問いかけて暫定的な目標を立てることはできるでしょう。たとえば、「この話題を探っていくと、あなたの助けにつながるのですか」「これについて話したい理由は何でしょう」「これを探ると何か前進できるのですか」などと聞いてみてください。こうなりたい、またはこうなったら成功だと思える状況を一つでいいので話してもらってください。そうすれば、その人の成長をあと押しできるはずです。

クライアントが目標を挙げたがらない場合は、その話題について自分が今どんなふうに感じているか話してもらってください。それをもとにコーチは、より充実した仕事をしたいとか、自分をもっと大事にしたいとか、今より自信を持ちたいなど、クライアントが望んでいそうな方向へ会話を引っ張っていってください。そのうえで、「もっと」や「より」から浮かび上がるイメージを話してもらってください。そうしていくうちに、目標を持つ感覚を少しずつつかめるようになります。

CASE STUDY

私が見学したセッションのクライアントは、なぜ人は情熱を感じるものをちゃんと選び取れるのか知りたいと話しました。

そこでコーチは、なぜ情熱について話したいのか尋ねました。クライアントは、夢をかなえようと勉強を始めては、失敗を恐れて進路を変えてばかりいると言いました。たとえば、ダンスを学び始めたものの、成功する自信を持てずに演出の勉強に変更したり、次はジャーナリズムを勉強し始めたけれど、自分の文章力に疑問を持ち、ウェブデザイナーに変えたりしたそうです。今は、家のリフォーム事業を手がける夫と一緒に仕事をしたいと思い、インテリアデザインの勉強に興味を持っていると言うのです。

インテリアデザインの仕事に情熱を感じていますかとコーチが聞くと、クライアントはこう答えました。「デザイナーの仕事に情熱を感じているのかよくわかりませんが、勉強は楽しいです。でも、何をするにも長続きしない私が、何かに情熱を感じることなんてあるんでしょうか」

コーチは尋ねました。「自分が選んだものに情熱を感じるかどうか確かめる方法を探りますか？ それとも、目標に向かって自信を持って頑張り続ける力をどうやって手に入れるか探りますか？」

クライアントは、不安を抱いても自信を持ってやり通せるようになりたいと話しました。コーチはさらに、一つの仕事を続けるメリットについて尋ねました。クライアントは、一つのものを成し遂げたときに得られるだろう達成感について話し、それがなぜ大事か説明しました。

こうして目標が決まり、それに沿って、コーチングは進みました。

ときには、クライアントが話したいと持ち出した話題について、最良のシナリオを語ってもらうといいでしょう。

「存在感のあるリーダーとは、どんな人ですか？」「変化を受け入れられる人たちは、あなたとどこが違うのでしょう?」「職場でどんな関係が築けたらすばらしいと思いますか?」などと聞いてください。コーチングで何をすべきか探っていくと、目標はたぶん変わっていくでしょうが、まずは具体的なイメージを思い描くことから始めるのは良い手です。

目標がはっきりすると、あいまいな状態から一歩踏み出すための足場になる。

到達可能な目的地がはっきりしていないと、クライアントは混乱と落胆から抜け出せず、コーチもクライアントの期待に応えられていないと感じます。目標の明確化は、コーチングの中でも大きな力がある行為の一つです。

目標への進捗度をつかむとともに、目標そのものの変化に気づく

本当に解決したい、または達成したいものを見つけようと会話を掘り下げていくプロセスは、玉ねぎの皮をむくのと似ています。

クライアントの古びた考えを一つひとつ取り払い、弱みを見せまいと着込んでいる鎧を少しずつはがしていくと、そこから視点の変化が生じたり、新しい目標が見つかったりします。その結果、目標は新たな意味を帯びて大きく広がるときもあれば、目標そのものをすげ替える必要も出てきます。

コーチは目標のちょっとした転換または大きな変換に気づくたびに、会話の方向を変えていいか、承諾を求める必要があります。クライアントは元の目標に戻るほうを選ぶかもしれません。コーチの仕事は、望ましい方向に会話を進め、脇道に迷い込まないようにすることです。

目標の転換は、次のいずれかの観点から行います。

- **目標の方向性**（解決の対象を、クライアントの思考の外側にある問題から、クライアントの内面の問題へと変える）
- **目標との関係性**（目標は変えないが、目標を達成した際の成功をどうとらえるか、自分にとっての意味合いを変える）
- **目標達成までの速度**（すぐに変化を起こすのか、より長い目で変化を志すのか）

クライアントが、目標をすっかり変換したいと言う場合があります。家庭や職場に大きな不満があり、状況を変える方法を見つけたいときによくあるケースで、私も何回か経験しました。いら立ちを探る過程で、クライアントが当初話したことと違う、本当の願望をいきなり口に出すのです。本人は状況を改善する意欲をすでに失っています。見切りをつける心は決まっているが実行には移せていない、ということなのです。

コーチは、クライアントが言い出した話や発した感情について内省を促すとともに、その時点で目標をどうしたいか改めて考えてもらいます。クライアントは、新しい目標を打ち立てるのか、それとも当初の目標を当面維持するのか選ぶことになります。

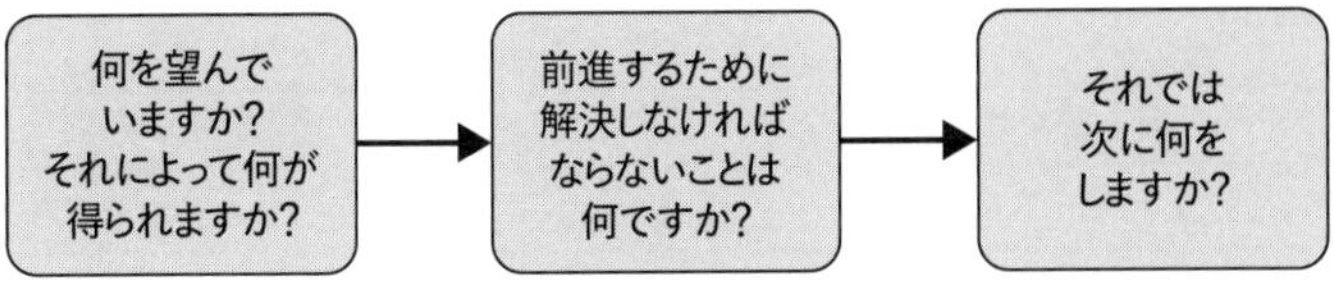
何を望んでいますか?
それによって何が得られますか?
前進するために解決しなければならないことは何ですか?
それでは次に何をしますか?

図6｜水平的コーチング

水平的コーチングと垂直的コーチング

水平的コーチングは、クライアントの元々の目標をコーチングの到達点にします。クライアントが話した言葉の意味や目標の重要性について聞き、クライアントの答えを得てから、その先の質問に進みます(図6)。

水平的コーチングの目的は、前に進むための計画を立てることです。計画は概して一般的なものなので、クライアントが時間をとってよく考えれば、自分でつくることもできるでしょう。考えを整理するためにコーチの力を借りるのは有効ですが、自分で計画を立てられなかった原因には根本的な問題があるかもしれません。その場合は結局、再び問題に悩む可能性もあります。

垂直的コーチングでは、クライアントの展望がぐっと広がります。コーチングによって、クライアントがより個人的な内面の問題解決を欲していたり、これまでよりずっと勇気のいる行動を望んでいたりするとわかり、コーチングの目標そのものが大きく変容する可能性が出てくるので

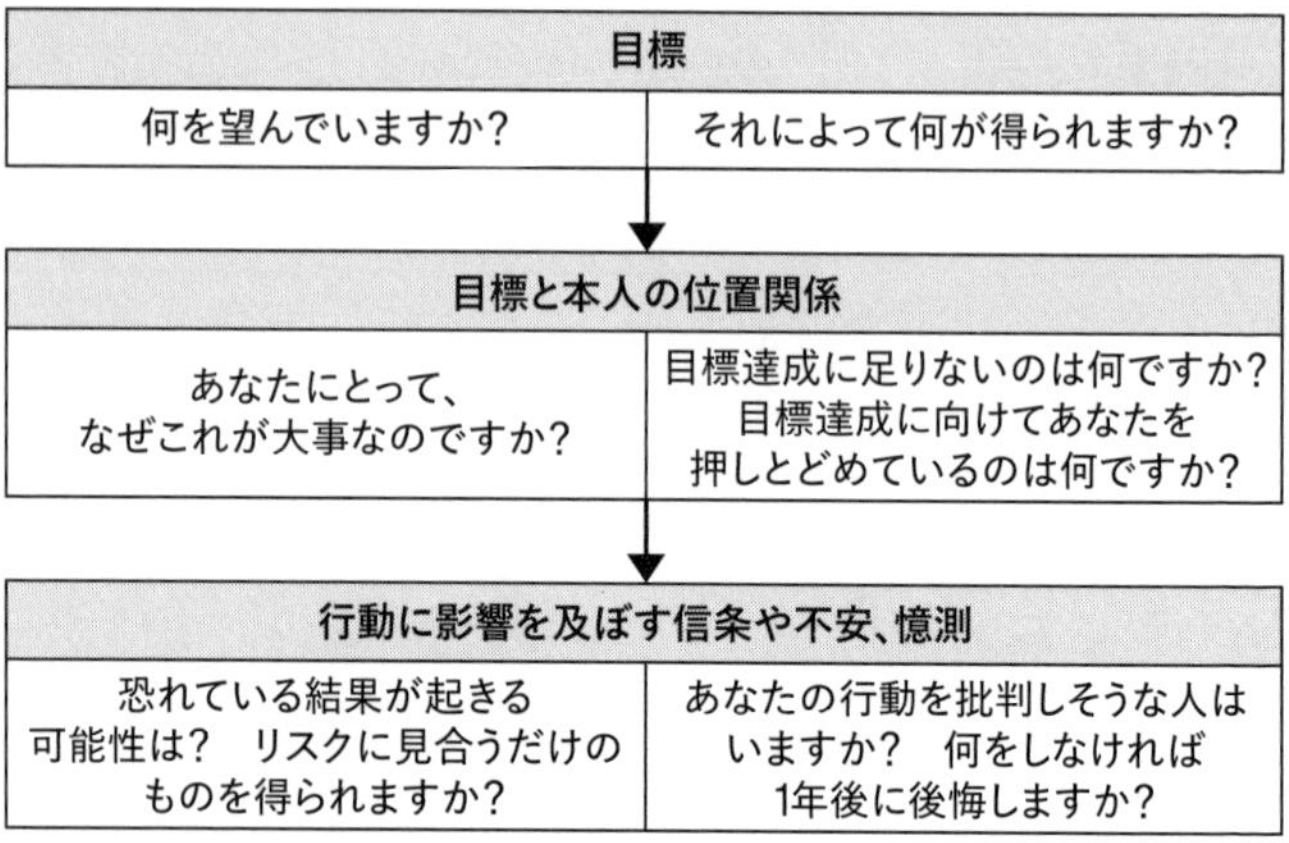
目標
何を望んでいますか？
それによって何が得られますか？
目標と本人の位置関係
あなたにとって、
なぜこれが大事なのですか？
目標達成に足りないのは何ですか？
目標達成に向けてあなたを
押しとどめているのは何ですか？
行動に影響を及ぼす信条や不安、憶測
恐れている結果が起きる
可能性は？　リスクに見合うだけの
ものを得られますか？
あなたの行動を批判しそうな人は
いますか？　何をしなければ
1年後に後悔しますか？

図7｜垂直的コーチング・質問例

す。単に問題解決の方法を発見するのでなく、その人のアイデンティティーに関わる転換が生じます。つまり、問題解決ではなく人のコーチングをするのです。

垂直的コーチングも、目指す目標とその重要性についてクライアントが語るところから始めるのですが、本人が目標達成の障害となっている問題について語り始めたら、その時点で当人の思考の内省へと方向転換します（図7）。

思考を探るうちに、社会的欲求が満たされない不安や、対立する価値観による葛藤が明らかになるかもしれません。探求のプロセスを通じて、考えまたは目標は方向転換するか、変容します。

水平的コーチングのまま、クライアントが選択肢について心穏やかに語りたいだけのときもあります。しかし、意思決定や問題解決にたどり着けず苦労しているようなら、水平的コーチングよりも、本人の認識に訴えかける垂直的コーチングのほうが効果的です。

たとえば、部下との難しい面談を控えた指導者に、コーチングを依頼されることがよくあります。そんなときは、部下とどんな会話ができたらうまくいったと言えるのか尋ねます。指導者は、肯定的なやりとりをイメージして話すでしょう。水平的コーチングのときは、その目標を阻害する可能性のあるものや対処法について考えます。私もクライアントとそうした話を何回もしたことがあります。

しかし、指導者が面談を先延ばしにするかもしれません。あるいは、面談はしたけれど、部下の責任を問わずにうやむやにしたり、相手に有無を言わせず命令だけして終えてしまったりという残念な結果を報告するかもしれません。そして、組織の優先順位に従ったままでだと弁解したり、部下には上命下服だけ求めよという上層部の意向のせいだと批判したりします。

これに対して、部下との問題の何が難しいのか考えを探るコーチングを選んだ場合、指導者は、会話の途中で湧き上がってきそうな感情をうまく扱えるか自信がないからだと話すかもしれません。コーチングの目標はそこで、感情的になりかけたときに冷静に対処できる方法へと転換します。そして、何が冷静を失わせるのか探ると、指導者は、自分のほうが間違っていたり批判されたりするかもしれないので不安だと話すかもしれません。さらに探ると、その人のこんな考えに行き着くかもしれません。「こんなにコミュニケーションを難しく感じるのは、自分が指導者として向いていないからだ」。そうなったら今度は、コーチングの目標を、本人が考える良い指導者像へと転換すればよいのです。

ブレネー・ブラウン（訳注・ヒューストン大学ソーシャルワーク大学院研究教授）は、リーダーシップに関して、ほとんどの人は「脆《もろ》さ（vulnerability）」は弱いことだと教えられてきたと言います。

「つらい、ぶざまだ。傷つく、失敗する、周りをがっかりさせるだろう[02]」

垂直的コーチングは、指導者に限らず誰にとっても、難しいコミュニケーションを避ける理由を探り出すために必要です。クライアントに聞いてみてください。「勇気があれば、何をしたいですか？」

目指す目標は再び方向を変えるでしょう。

何が障害なのか

私の同僚でシンガポール在住のトニー・ラティマーは、指導者に対してすばらしいコーチングをします。自身のコーチングについて、クライアントが望んでいるものを見つけ、それを得るのに障害となっているものを明らかにすることだと説明します。クライアントは多くの場合、障害が見えなかったり、障害の存在を認めようとしなかったりします。何が障害かいったんわかると、クライアントは次に何をすべきなのか決めやすくなります。

トニーのモデルに、私は目標の進化という階層を加えたいと思います。目標が方向を変えるたびに、新しい探求が始まります。「何が邪魔をしているのでしょう?」(図8)

賢くてクリエイティブなクライアントの行手をさえぎるものを見つけるために、その人の物語を支える信条や社会的欲求、価値観に関心を向けましょう。まずは思考や感情変化の内省から始めてください。それからコンテクストの領域へ入り、クライアントは今行動しないと何を失い、何を得られないと恐れているのか探ってください。

内省を促す言葉や質問によって、クライアントの中の社会的欲求が見えてくるかもしれません。たとえば、そのリーダーは、自分が行った決定により周りの尊敬や信用を失うかもし

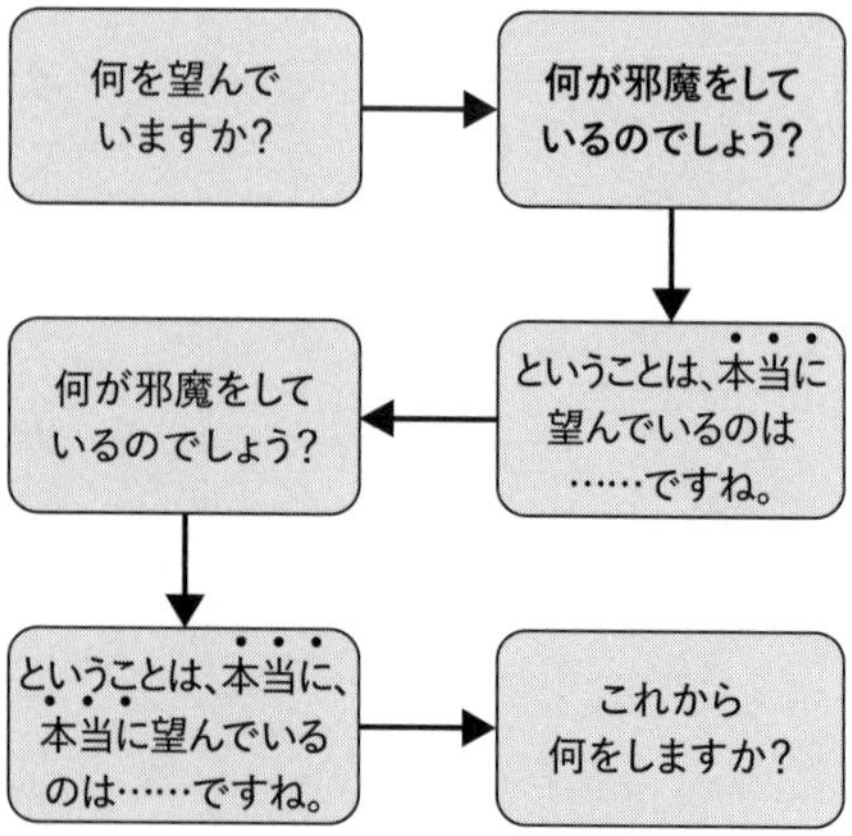

図8｜本当の目標を見つけ出す

れないと不安なのかもしれません。価値観の衝突が見えてくる場合もあります。リーダーは、安易な解決法に抵抗を感じている（「私らしくない」）一方で、思っているとおりに動けば、「弱い」「大きな絵が見えていない」などと批判されるのを恐れているのです。

CASE STUDY

クライアントの女性の望みは、男性が占めるエンジニアの部署で昇進することでした。そのために、私にコーチングを頼んできました。実力は抜群で、同僚とも良い関係を築いていました。

最大の問題は、会議での態度でした。初めのうちは発言をためらっているのですが、突然いら立って声を張り上げ、ほかの意見を批判して最後に自分の意見を述べてしまうというのです。本当は、自分のアイデアを言う前に、周りにいろいろ質問したいのだと彼女は話してくれました。最初の目標ははっきりしていました。

次のセッションでも、クライアントは態度を改善できなかったと言いました。どんな考えが障害になっているのか、二人で掘り下げてみました。

「私は、ちゃんと筋が通った意見を言いたいのです。でも、参加者は互いに言葉をかぶせるように議論していて、どうやって入ればいいのかわからずにいらいらしてくるんです。結局、皆をさえぎるように声を張り上げてしまうんです。周りはきっと攻撃的な女と思っているでしょうね。私は叫ぶように声を出してしまいます。嫌な女と思われているでしょうね」

同僚たちがそう思っているとどうしてわかるのか、私は尋ねました。確かに、どう思っているか聞いたことはないとクライアントは答えました。会議以外の場では仲がいいので、個々に聞いてみると言いました。

私は、会議でどんなふうに見られたいのか尋ねました。会議でどう話すかではなく、どんな姿でありたいか思い描いてもらうのです。少し考えてから、クライアントは言いました。「ただのアイデア人間でなく、皆を励まし背中を押してあげるようなリーダーです」

　私は、それをコーチングの目標にしたいか聞きました。承諾を得て、クライアントが会議でためらい、そのあとに怒りが湧く理由をより深く探りました。そうするうちにクライアントは、会議でアイデアが浮かんだとき、「話を聞いてほしい」と強引にではなく、しかし力強く訴えられるようになりたいと言いました。その場の注意をうまく引きつけられたら、自分のアイデアをもとにどうすれば皆で力を合わせられるか、具体的な絵を描くつもりだと話しました。そして、リスクを背負って互いに助け合い成長する道筋を示したいと言いました。

　私は、クライアントがリーダーの靴に足を通したと認識したので、それを実現するための最良のシナリオをつくってくださいと提案しました。クライアントは、次の会議に向けてやるべきことのリストをつくり始めました。


　クライアントが、実現困難な目標だと感じている場合もあります。直属の部下との難しい面談が控えているクライアントがいました。いざ面談の計画を立てようとすると、彼は言いました。「やっぱりだめだ、彼女は変わらないだろう」

私は聞きました。「もしそれが本当なら、何をすべきでしょうか」

彼は、現状打開のために何かできるだろうと思っていたけれど、本当は、部下が楽しく働けるような別の会社を見つけてあげたいのだと言いました。難しい面談であることに変わりがなくても、目標が転換したのです。

クライアントが目標について語り始めたら、まず何ができそうか本人の考えを確認してください。非現実的な目標だったとクライアントが認めたら、目標そのものが変わります。実現するかどうかクライアントがわからないようなら、目標達成には何が必要か調べてもらってもいいでしょう。その調査自体が、目標になる場合もあるのです。

目標が方向転換しても、道を見失わないために

コーチングのあいだ、コーチは「会話がどこを目指しているか」に気を留めます。目標がはっきりしていても会話が深まってきたら、その目標がまだ妥当であるか考えます。クライアントの視点が変わったとき、何が見えてきたか、何がわかったか尋ね、会話が新しい方向へ向かっていると思ったらクライアントに伝えてください。そして、コーチングの焦点を変

えるか、目標を転換するか聞いてください。

CASE STUDY

クライアントの男性は、副社長3人と取締役クラスの幹部を含む男性ばかりの会議に出席しました。幹部の一人が、あるゲイの社員をばかにする発言をしました。それに対して、クライアントは「ダイバーシティが世の中で議論されている中で、今の発言は良くないですよ」と指摘しました。副社長の一人が同意してくれたとのことでした。

会議は本来の議題に戻りましたが、終わったあとに、その副社長から今週中に昼食を一緒に取ろうと誘われました。クライアントは、このランチ会議に関してコーチングを受けたいと言いました。

コーチは「この会議でどんな結果を出したいですか?」と聞きました。

「私は実は、ダイバーシティについては話し合いたくありません。でも、恐らくそうなるでしょう。会社の幹部として、この話題を取り上げるべきでしょうか。私がゲイだとは誰も知らないと思いますが、それは今回の件と関係ない話ですよね？　誰もがダイバーシティを重視すべきでしょう？　私が副社長と本当に話したいのは、私の指導者としての可能性です。副社長が私をどう評価していて、どこを伸ばせばいいのか知りたいのです」

「ランチで話すことが二つあるようですね。会社のダイバーシティ推進に果たす役割、そして指導者としての可能性、ですね」

クライアントは、同僚たちに「ダイバーシティ監視係」とみなされ、関係に溝ができるのは避けたいと言いました。副社長がこの話題を持ち出しても、おおかたは指導者に関する話をして、同僚たちと今までどおり良い関係を築きたいと話しました。

コーチの質問を受けながら、クライアントは副社長との話し合いで得たいものを話しました。しかし、話はそこで会議での同僚の発言に戻り、クライアントはどんなに不愉快だったか話し始めました。

コーチは、ダイバーシティの話題に対してどうしたら心穏やかにいられるか、そこにコーチングの焦点を当て直しますかと聞きました。クライアントは、ダイバーシティを冷静な態度で擁護できるようになりたい、しかし狂信者のようには見られたくない、と言いました。そこでコーチングの目標を、狂信者と見られずにどうしたらダイバーシティの擁護者になれるかに置き換えました。

擁護者と狂信者の違いを二人で探ったあと、コーチはクライアントに、会社で違う態度が取れそうか聞きました。クライアントは、会社のダイバーシティ推進に迷わず一役買えそうだと話し、ついては副社長とのミーティングに話を戻したいと言いました。コーチはもちろん話題変換に応じました。


本人が抱える不安を探るうちに、クライアントは、優れた指導者になるための条件について語り始めました。ダイバーシティやインクルージョンのような難しいテーマであっても、誠実に、勇気ある立ち居振る舞いで対処したいと言いました。そして、あざけられるかもしれないが、自分の信念を曲げない態度を貫くほうが、副社長に良く見られるよりもずっと重要だとわかった、と話しました。

そこでコーチは、理想のリーダー像を描き出すのが今は最も大事な目標なのかと聞きました。

「ええ。どんな話し合いの場でも理想のリーダーでありたいと思います。ダイバーシティの擁護者になる話ではなく、どんなリーダーになるかを考えたい」

コーチは、クライアントが新しい目標にはっきりと目覚め、決意を新たにしたと判断しました。それからは、彼が考えるリーダーシップの意味をさらに突き詰め、それを具現化したリーダーについて掘り下げたり、どんな組織にいてもそのようなリーダーになるために必要なものについて話し合ったりしました。

クライアントに働きかけ、そしてまた働きかける

たまに、クライアントが自分の話にあまりに感情移入し過ぎて、目標を明確にしないまま、同じ悩みを繰り返し話し続けるときがあります。少しのあいだ目標について考え始めても、またすぐに過去の話に戻ってしまうのです。

そんなときコーチは、目標をつくって前を見ない限り何も進展しないと、クライアントにはっきり伝えなくてはいけません。どんな結果を手にしたいか何回も問うことになるかもしれません。もしくは、課題の一つを選んで、それが解決したときのイメージを膨らませてもらいます。

本人が熱心に話し出したら、「それはコーチングで目指す目標と言っていいですか？　そ

うでなければ、ほかにもっと目指したいものはありますか？」と聞いてください。この質問もまた何回もしなければいけないかもしれません。

CASE STUDY

クライアントの女性は健康上の理由で一年間仕事を休んだあと、再び仕事に就こうとしていました。医者からフルタイムの仕事をしてもいいと許可が出たので、身体を気遣いながら働く計画を練りたいと話しました。

本人の目標がはっきりしていたので、コーチは、仕事をしながら健康でいられる方法について考えていきたいか聞きました。クライアントはいったんは合意しました。ただ「私はいつも好調に働き始めるのですが、やがて力不足ではないかと不安になり、働き過ぎてしまうのです」。そうして自分が嫌になり、ストレスをためてしまうと話しました。

そこでコーチは、コーチングの目標を、健康に働く計画のままにするか、それとも仕事で自信をつけることで働き過ぎを防ぐほうに変えるか聞きました。クライアントは自信をつけるほうを選び、いつも職場で「堂々として力強く」ありたいと話しました。

　クライアントは、なぜ力不足と感じるのか探ろうとしましたが、過去の病気や怪我の話に戻ってしまいました。コーチは、本人が今は健康だと感じていると改めて確認してから、「堂々として力強く」あるために必要なのは自信か、それとも健康かと尋ねました。

　クライアントは、自信を失うと働き過ぎて健康を害し、それでさらに自信をなくすと話しました。なのでコーチングの目標は、自信をつける方法のままでいきたいと言いました。しかし、力不足について話し始めると、体力の話に戻ってしまうのでした。

　コーチは尋ねました。「仕事をこなすだけの体力がない可能性は、どのくらいあると思いますか？」

「わかりません。ただ心配なのです」

「今はっきりおっしゃいましたね。ただ心配だと。それが本当の問題ではないでしょうか」

　クライアントが笑いました。「そうなんです。心配の嵐が巻き起こってしまうんです、勝手に」

「職場で堂々として力強くありたいという目標は、今も変わりませんか」

「はい、きっとそうなれると信じています」

「健康に働く計画から、自信をつけてそれを維持することに目標を改めましたが、目標の達成は、心配に押しつぶされないかどうかにかかっているようですね。そうでしょうか？」

「ええ。何も起きてないのに心配してしまうのです。心配を募らせて体を壊すんです」

「よく気づきましたね。その心配をどうしましょうか」

そこからのセッションは、職場で堂々として力強くありたいという目標は変えずに、心配し過ぎる習性に焦点を当てました。


コーチングが終わる頃、クライアントは、これでようやく安心して仕事を見つけられそうだと言い、焦らず、体調にも注意を払い、自信を持って働き始めたいと意欲を示しました。


コーチングは人を支え、励まします。同時に、クライアントに現実を直視させて将来を思い描いてもらう必要から、不快にさせたり困惑させたりもします。

あるとき、私のコーチングのデモンストレーションが終わったところで、見学者の一人がクライアントに質問をしました。「コーチングの目標を絶えず聞かれていましたが、いらつきませんでしたか？」

クライアントは答えました。「ええ、とてもいらつきました。でも私には、まさに必要なことでした」

コーチは、クライアントに気持ちよくなってもらうために仕事をするのではありません。クライアントが自信を持って、適切に考えられるようお手伝いするためにいるのです。

コーチングの会話を目的地へ導くための3つのアドバイス

コーチングのセッションを単なるおしゃべりにしないためには、目的地をつくることが大事です。クライアントが会話をしながら頭の中を自分で整理する場合もないわけではありませんが、コーチが導くことで、今の状況から脱却して何を真に得たいか明らかにできれば、クライアントの決心はしっかり固まり、長続きします。

問題が玉ねぎのように何層にもなっている場合が多いので、セッションのあいだに目標は何度も変化するでしょう。着地点を見失わないために、次の点を参考にしてください。

1｜クライアントが問題を複数挙げたら、それらを要約し、どれから取り組みたいか聞く

たとえば、「上司に接し方を変えてもらいたいのか、それとも自分の仕事をとらえ直して朝からやる気が出るようにしたいのか、どちらでしょう？」と聞きます。目標を一つに絞ることで、目指すものがはっきりすると同時に、クライアントが何を最も望んでいるか確かめられます。

クライアントが目標を具体的に示さない場合は、本人が取り上げた話題について、今感じていることを話してもらってください。そして、それがどんなふうになったらいいか思い描いてもらってください。

2｜目標が変化する兆候に気づいたら、クライアントの言葉を使って本人に確認する

クライアントが信条や思い込み、不安、潜在的欲求を探るうちに、コーチングで目指すものが変化するのに、コーチが気づくときがあるでしょう。それによって、意識の外側ではなく内側の問題に焦点が移った場合は、目標が大きく方向転換します。

目指す方向性や優先順位を少し変えるだけでよい場合もあります。会話の焦点が変わったと気づいたら、クライアントにそれを伝え、初めに立てた目標の位置づけをどうするか確かめてください。新しい願望を本人がはっきりと認識したら、改めて新しい目標を掲げてもらい、目指すものとその意味を二人が共有するようにしてください。

3―クライアントが繰り返し口にする言葉や、感情的に口にする怒りや言い訳、非難の言葉に注意する

クライアントの言葉を聞いて気づいた点を本人に伝えてください。「手に負えない」「聞いていない」「もうたくさん」といった言葉が繰り返されるときに、クライアントが本当に望んでいるものの手がかりがあります。そういった言葉をどんな意味で言ったのか、目標と関連づける形で聞いてみてください。

クライアントはもしかすると、問題を解決できなければ、尊敬や信用を失ったり、安心や好意を得られなかったりする不安を抱えているかもしれません。その心理状況を踏まえてコーチングの焦点を変える必要があるかもしれません。クライアントが望むものと、「本人はこれを望んでいるに違いない」と周りが思うものが一致しないために、価値観の衝突に悩まされているかもしれません。自分の望みどおりに動いたら、失敗したり周りを傷つけたりすると思っているのです。

クライアントが新たな気づきを得たとき、何が見えるようになったか、何がわかったか尋

ね、その認識に基づいて目標を改めて練り直すかどうか聞いてください。目標を何度も思い描き、磨き上げ、とらえ直す作業によってこそ、コーチングの会話は堂々めぐりすることなく、前進し続けるのです。

第7章

New and Next: Coaching Insights and Commitments

新天地から次へ

——気づきから行動へと導く

やると決意するまでは、躊躇したり、行きつ戻りつしたりして、何も効果を上げられないのです。

——ウィリアム・H・マレー

多くのコーチが詰めの甘さを後悔するのが、クライアントに次にすべき行動を明確に述べてもらい、実行を約束してもらう機会を逃がしてしまうケースです。考える時間をつくるという約束さえ、し損ねるときもあります。クライアントが真実や解決策にたどり着き、ほほ笑んだり息をのんだり驚いた表情を見せたりする、そのタイミングをつかみ損ねるのです。

たとえば、このように起こります。――クライアントは、自分自身または自分の状況について、大きな気づきを得ました。クライアントの視点に変化が生じたことに、コーチも満足しました。その満足にひたりきっているうちに、新しい気づきに基づいて行動する約束をしてもらうのを失念してしまう、というわけです。

こうした失敗が起こるのは、視点の変換に大きな感情の動きが伴うからです。新しい視点を得たクライアントは、恥ずかしがったり、悲しくなったり、落ち着かなくなったりします。本人が安心できる環境をコーチが整えれば、クライアントは自分の反応に向き合い、じきに受け入れます。不快感もなくなり、安堵のため息もつくでしょう。クライアントも、コーチも、ある種の解放感を味わいます。クライアントはようやく、前へ進む心の自由を得たのです。

解放感を得て、旅が終わったような気になります。しかし、そうではありません。

それは、住宅の購入契約までこぎ着けたのと同じようなものです。祝福したい気分になりますが、その住宅を居心地のよいマイホームにするには、やるべき作業がまだたくさんあるのです。

クライアントは新しい気づきを得ると、新天地への扉が開いたような気になる。しかし、その人は扉をまだ通ってはいないのだ。

新しい視点を得たクライアントに対して、コーチが「これから何をすべきか、わかりましたか」と聞くまでのことはするかもしれません。しかし、それでは十分ではありません。クライアントは達成感とともに、「何をするか、はっきりわかりました。ありがとうございます」と感謝の言葉を述べ、「ほかに何か話したいことはありますか」との問いに、「いいえ」と満足げに答えるでしょう。

しかし、何を実行するのか明確に述べてセッションを締めくくる形にしないと、クライアントはやろうと思っていたことを、そのあと忘れてしまうかもしれません。得られた気づきさえ、消えてしまうかもしれません。

克服すべきものがわかったという点は覚えているでしょうし、何から手をつけるか、少しは口にするかもしれません。しかし、その実行を阻む恐れのあるものをじっくり探っておかなければ、そうした事情に邪魔されて前進できない場合もあるのです。

第6章では、コーチングセッションの目標をまず明確にして、コーチングを支えるブックエンドとする話をしました。ブックエンドは両端から支えないと本が倒れます。列の最後に置くブックエンド——次の段階に進むための約束——があるからこそ、クライアントは新たな視点と次の行動を具体化し、目標への第一歩を踏み出せるのです。

声に出して言わないと実現できない

クライアントが新しい視点を得たら、コーチはそれをしっかりとつなぎ止めるために、今見えているものやわかった点について明確に話してもらうことが重要です。それから、新たな学びをどう実践するか約束してもらい、セッションを終えます。

コーチングの仕事の大部分は、クライアントが見過ごしたり見ようとしなかったりするものに気づいてもらうよう導くことです。多くの場合、クライアントは過去をかいつまんで話します。細かいところまでは覚えていません。話が成立するのに必要な出来事や登場人物しか見えていません。

脳は物事に意味を与えるのが得意なので、過去の経験や古い考え、不安、思い込みを動員して、たちまち過去の話に肉づけします。そんなときコーチングでは、クライアントが状況をどのようにとらえているのか調べ、そこに潜んでいるものを探り当て、違う視点を得てもらい次の段階へ進めるようにします。

たとえば、道を歩いているとしましょう。少し先の歩道に茶色いものが落ちていて、すぐに石だと思い込みました。しかし近づくにつれ、それは茶色い袋だとわかります。袋に手を伸ばそうとしたら、中からリスが飛び出しました。あなたはびっくりして、思いもよらない結果に笑うでしょう。

クライアントは、これまで見過ごしたり避けたりしてきたことがコーチングによってあばかれ、目の前にいきなり新しい景色が広がって驚いたり、へこまされたりするかもしれません。隠れていたものがあらわになり、感情は揺れ動くでしょう。笑い飛ばして済む場合もあれば、沈黙して自責の念に駆られる場合もあるでしょう。涙を流したり怒り出したり、いきなり目をそむけたりするかもしれません。息をのんで、目に正気がなくなるかもしれません。

反応のいかんにかかわらず、コーチは同情したり、なだめたりする必要はありません。クライアントは自分から息を吹き返します。コーチは静寂を守り、クライアントに十分な時間を与えてください。自分自身の呼吸を整えて見守り、通常の倍くらいの時間を使って待ち続けてください。

時間をつくる一方で、コーチは次に述べる大事な瞬間をつかまなければいけません。クライアントはやがて、自分から話し始めるでしょう。どのような話を始めても、あるいは沈黙を続けていたとしても、この質問を必ずしてください。

「今何が起こったのか、教えていただけますか？　どんなことがわかりましたか？」

クライアントがすぐに答える場合もあれば、そのとき理解しようとしている世界を手探りしながら、言葉をつむごうとするかもしれません。言葉にする作業を通して、新しい気づきがはっきりとした形を表します。

植物学者のロビン・ウォール・キメラーは言います。「言葉で言い表してみる。それは何かを理解するための学びの手段です」

何が見えてきたかクライアントが理解できるよう、コーチは環境を整えてください。

新しく見えるものを言葉で表現するのは、ジグソーパズルのピースをはめるようなものです。新たに得た考えをはっきりと言葉で表現したとき、ピースは絵の中にしっかりとはまります。

クライアントとコーチはそこで同じ理解を共有して、次へと進むのです。

CASE STUDY

ある経営者の女性は、自分がやりたいことに事業を集中した場合の影響について考えたいと話しました。そうしたいが、失敗を恐れて臆病風に吹かれるのだと言うのです。

これに対してコーチは、さまざまなアプローチを試しました。まず、「臆病風」について説明してもらいました。次に、目標を立てるため、やりたいと思う仕事について話してもらいました。また、何をすると時間の無駄と感じるのか話してもらいました。クライアントはいずれの質問にも積極的に答えましたが、そのあいだ両腕を体の前で固く組んで崩しませんでした。

コーチが言いました。「こうした話題は、以前も話しましたよね。大胆に仕事に取り組むとは自分にとってどんな状態を指し、どんな意味を持つのか。自分が今どんな位置にいて何が足りないのか。いずれもあなたはよくご存知ですよね。そこで伺いたいのですが、何か抑え込んでいるものがありませんか？」

クライアントは腹立ちまぎれに、言い放ちました。「もうそんなに必死に働きたくないんです！」

コーチは言いました。「なるほど、わかりました」

クライアントは椅子に深く座り直しました。体中の力が抜けたようでした。

コーチは「最初からやり直しましょうか？」と尋ねました。

「別の将来を思い描けるかどうかなんて、今はわかりません。これまで長いあいだ、より大きな挑戦をすることばかり考えてきたんですから」

「今やっと向き合えたことを、まず声に出して言っていただいてもよろしいでしょうか？ 今何がわかったか、私に教えていただけますか？」

クライアントは、少し考えてから話し出しました。「自分のやっていることを変えたいです。自分が今よりもっとやれるのはわかっています。でも、人生をこれ以上仕事に使いたくありません」

コーチは、仕事で最も楽しめるのは何か尋ねました。

そこから、クライアントが目指したいと思える将来像を組み立てていけるよう会話を進めていきました。

新しい気づきを得たクライアントは、たとえば、自分の思い込みが間違っていたとあっさり認め、少しばかりの方針転換で済ませるときもありますが、社会的欲求や価値観まで掘り下げて気づきを得た場合は、変化も大きくなりがちです。思考の枠組み自体が変わるかもしれません。立ちはだかる問題に対して自分がどうあるべきか理解が深まったり視野が広がったりします。もしくは、それまでとはまったく違う視点を得る場合もあります。

つまり、アイデンティティーや現実に関する気づきが起こるのです。これらの気づきをはっきりと言葉にしてこそ、思考の変化は強固となります。

こうした気づきによって、コーチングの新たな目標が生まれるときもあります。「もうそこまで必死にやりたくない」「これまで不安でやれなかった」「正しいと信じていたので簡単にあきらめきれない」「自分はなんてばかだったんだ」といった言葉は、新しい目標が見つかる可能性を秘めています。

こうした場面では、今までの目標に基づいた次の行動を考えるのか、それとも目標を立て直すのか、コーチングの方向性をクライアントに決めてもらってください。今何をすべきかわかったと本人が言ったら、初めに立てた目標をどうすれば達成できそうか尋ねましょう。目標達成の計画は立てたいが、新しく解決すべきものがほかに出てきたと言い出した場合は、その新たな問題について今か次のセッションで話すかどうか聞いてください。

どんな目標を目指すかは、常にクライアントが決めます。

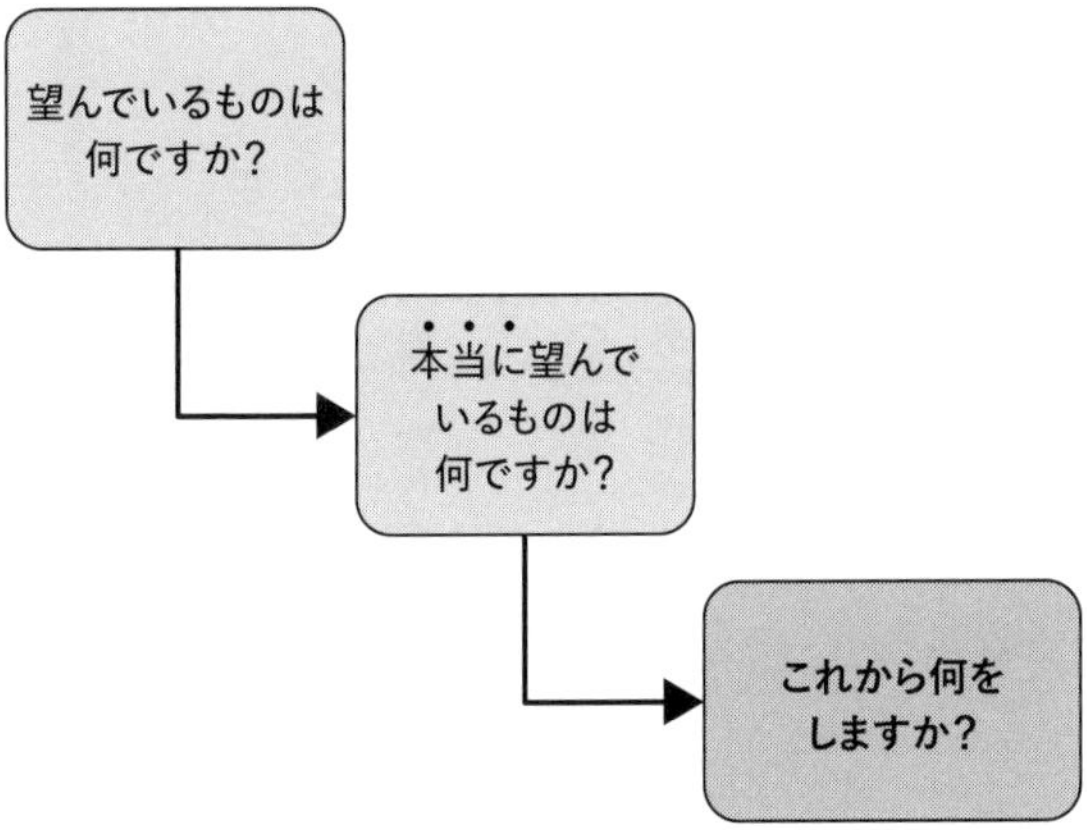

図9｜もう一つのブックエンド　気づきから約束へ

次に何をするか？

それでは、クライアントに次の行動を約束してもらい会話を締めくくるのは、いつが望ましいのでしょうか。

クライアントが、願望を阻むものに対して納得のいく解決法を見つけられたときがまず考えられます。真に望んでいるものがわかり、そのために何をすべきか明確なときも締めくくりのタイミングです。クライアントが深い洞察やブレークスルーを得た場合、それをいったん言葉にしてもらったうえで、次にとるべき行動を本人が考えられそうか、素早く見極めてください（図9）。

クライアントが述べた気づきが目標の達成に

つながりそうだったら、最後のブックエンドを置くころ合いを図るときです。ぐずぐずはできません。ためらったり、遠慮したりすると、コーチングの進行に影響します。次の一連の質問をして、気づきを次の行動につなげるための約束をしてもらってください。

1　これから何をしますか？

2　いつまでにしますか？

3　何が障害になりそうですか？（それによっては別の計画を立てるか、それともより実現可能な計画を立てるか）

4　うまくいかない場合、どんな方法や助力が望めますか？

5　新しく得た視点と今後の自分の計画について、どう思いますか？

クライアントは、具体的な計画をコーチと共有すると、実行しなければならないと感じます。やるという決意が、約束になるのです。自分の言葉に、より強い責任を感じます。決意が揺らいだときも、自分を奮い立たせられます。

クライアントが、今わかったことについて考える時間がもう少しほしいと言った場合は、気づきをきちんと受け止めるために必要な時間として受け入れ、どのようなことを考えたいか、いつどこで考えられる時間がありそうか、聞いてください。目標に向かって一歩だけもいいので、何ができるか聞いてください。

計画を立てなくても何をやるべきかわかっているとクライアントが主張する場合もあるでしょう。本人は自分や自分の状況を新たにとらえ直し、答えが見つかったとさえ思っています。新たな道が目の前にあり、どう進めばよいか明白だと感じています。

しかし、「わかる」と「やる」は別物です。これから何をするつもりなのかよく聞いて、次の予定を共有するのを忘れないでください。クライアント自身も自分の考えをまとめておかないと、あとになってやはり心もとなく感じるかもしれません[01]。

得られた気づきを述べてもらったところで、締めくくりに入ってもいいだろうと思うかもしれませんが、実はまだクライアントの準備が十分でない場合もあります。気づきをもとに今後何をすべきか話し合う前に、本人は少しあと戻りして、これまでの話をきちんとまとめ、把握しておきたい場合もあります。クライアントが次の行動について話すのをためらう場合は、本人がまだ満足していないと思ってください。

以上のように、クライアントに合わせてコーチングを進めることが大事です。新たに見えつつあるもの、わかりつつあるものをクライアントが語りにくそうにしていたら、内省を促す言葉を使って、その考えに焦点を当てられるように導いてください。新たに得られた視点から自分の物語を改めて話してもらい、それがどんな結末になればいいと思うか、という形で聞くのもいいでしょう。

調子を上げて終える

会話を終える前に、クライアントにその日のセッションを振り返り、どんな経験をしたか語ってもらってください。クライアントが大きな変化をまだ体験していないと思ったときは、ほかに達成したと認められる点を本人に伝えてください。クライアントが得たものをしっかり確かめてもらい、前進したのはコーチが貢献したからでなく、何よりも本人が尽力したからだと認識してもらってください。

そして、忙しい時間を割いてコーチングを受けた点を認めることから、ブレークスルーを得るまで恐れずに探求を続けた点をたたえることまで、できるだけのことをして調子を上げ、セッションを終えるようにしてください。セッションがうまく進んだ場合、クライアントはコーチに感謝するでしょう。しかしそれに甘えてはいけません。前進しようとしたクライアントの姿勢こそが称賛に値すると伝えてください。

クライアントとの関係が比較的長いのなら、時間をかけてここまでたどり着いたこと、忙しい中にもコーチングを続けてきたことを褒めたたえてください。

会話を締めくくる中で、次の方法から一つ以上を用いて、クライアントが示した姿勢や前へ踏み出した瞬間を称賛してください。

1―クライアントが進んで心を開き、ときには弱みを隠さなかったおかげで、コーチングが大きく前進したと語る

2―前回のセッションよりも成長した点について語る

3―クライアントが防御的にならなかったために成功への壁を突破できた点について語る

4―やり遂げた行動と、たどり着いた地点に光を当てる

人は、肯定的に評価された行動を繰り返し、それを土台にしてさらに進もうとします。コーチはクライアントをただ褒めているのではありません。自信を与え、前へ進む気持ちをあと押ししているのです。人は失敗や失望、羞恥心を味わいたくないので、ゆっくりでも順調に進んでいると言われれば、それをよりどころにして勇気を持って進めます。

終了する際には、セッションを閉じてもいいか尋ねてください。「これで完了、ということでよろしいでしょうか？」「次のセッションを設けますか？」、あるいは「ほかに必要なものはありますか？」などと聞きます。

予定より数分早くても、無理に時間をつぶす必要はありません。時間の使い方はクライアントに任せてください。早く終わって、相手はありがたいと思うかもしれませんし、別の話題に触れるかもしれません。

二人とも気分が高まった状態でセッションを終えるようにしてください。クライアントの約束が時間を取って考えるというだけであっても、変化に向けて考え続けようとする姿勢を評価して送り出してください。前にも触れましたが、コーチングの効果は多くの場合、セッションが終わったあとに表れます。視点の転換は、自分について改めて知ったことを日常生活に当てはめたときにしばしば起こるのです。

低調でも円満に終える

セッションの終わりに、その日の会話の意義を尋ねられた場合は、真の願望や、成功の阻害要因を明確化するうえで少しでも前進した点を伝えてください。

難しい局面を切り開くには1回のセッションでは足りないかもしれません。クライアントがセッションについて感じた点を数日以内にメモにしてメールで送るよう頼んでもいいでしょう。

コーチングの真の力はセッションとセッションのあいだによく発揮されるので、数日後にクライアントの視点に変化が起こる場合もあります。会話の方向性を変えないと合意しているなら、コーチはメモを足がかりに次のセッションを組み立てられます。

もしクライアントが関係をここで打ち切りたいという場合は、率直に伝えてもらったことに感謝し、その選択を受け入れましょう。そして、メンタリングや関連書籍、ポッドキャスト、学習プログラムなど、コーチングのほかにすぐに役立ちそうなものをアドバイスしてください。別のコーチを紹介して、違うアプローチを試みる提案をするのもいいかもしれません。私たちが目指すのは、クライアントの成長をあと押しすることで、できるだけ長く引き止めることではありません。

長かった関係を解く場合は、人生の新しいページを開くクライアントを思って、心から喜んでください。これまでの歩みをたたえ、これからの旅路を祝福してください。コーチとクライアントに別れは必然です。個人的な喪失感にとらわれないようにしてください。大人に成長して去ってゆく子どもを見送る親のように、成長に向けて歩むクライアントを称賛してください。

気づきを得て、次にするべき行動を確約するための3つのアドバイス

クライアントは、内省を促す探求によって生まれた気づきを明確に語らないと、次の行動の足がかりをつくれません。そして、コーチは、クライアントがやると決めた行動について約束してもらう必要があります。これらのステップを確実に踏んでもらうために、コーチは次の点を参考にしてください。

1 ― 気づきを得たクライアントの感情は揺れる

視点が転換したクライアントが、しばし無表情になるなどの軽い変化を示した場合は、コーチは「今何か経験しましたか?」「今何かわかったことがありますか?」などと聞いてみるといいでしょう。照れ笑いを見せたり涙をこぼしたりといった、よりわかりやすい反応を示す場合もありますが、どんな反応であれ、慰めたりなだめたりせず、静寂を守って、クライアントがその瞬間をしっかり受け止められるようにしてください。次に進む準備が整ったと

思えたら、コーチは察知したクライアントの反応を言葉に変えて伝えてください。そして、「どんな意味だったのでしょう」「何が変わったのでしょう」などと聞いてください。クライアントは、その意味をつかもうと努め、言葉をつむぎ出そうとするかもしれません。自分の中に生まれてきたものを、本人が理解できるように環境を整えてください。

2｜重要な気づきを得たあとのコーチングの方向性はクライアントが決める

クライアントが気づきを得たら、次にとる行動を考えるか、もしくは新たに生まれた目標について考えたいか、本人に決めてもらってください。何をしたいかはっきりわかっていると本人が言ったら、それが目標達成にどうつながりそうか聞いてください。別のものを解決したいと言ったら、目標を立て直してもらってください。どの道をたどるかはクライアントに決めてもらってください。

3｜変化に向けた決意を、行動のための約束にする

クライアントは期限つきの行動計画を立てることで、自分の言葉によりいっそうの責任を感じます。「何をやるかわかっている」と本人が言い張っても、計画を立てなければ実際にやるとは限りません。「わかる」と「やる」は違います。セッションの最後に、何を実行するのか少なくとも一つ、たとえば考える時間をとるというだけでも、クライアントに約束してもらってください。そうすれば、忙しかったり気持ちが揺らいだりしても、本人はしっかり気持ちを維持できます。

第3部

3つの脳内習慣

The Three Mental Habits

Coach
the Person,
Not the
Problem

「コーチングを極めるには、スキルを完成させるよりも、
その場に全神経を集中することが大切です。」

——マーシャ・レイノルズ

私が受け持つコーチングの授業で、クライアントにどんなアプローチで会話すべきか話すと、こんな不満をよく言われます。「私はもっとたくさんの質問をします。けれども、クライアントはどうしても心を開いてくれません」

私の答えはいつも同じです。「クライアントの話に耳を傾けていますか?」

クライアントに言うべき言葉を心得ているだけでは十分ではありません。コーチングのスキルを使えば、クライアントは明瞭に物事が考えられるようになりますが、そこからさらに深く掘り下げ、真の願望とそれを妨げているものを明らかにするには、コーチがそばにいることに安心感が持てないといけません。

リーダー論の専門家ダグ・シルスビーは「他者に持続可能な成長を促せるかどうかは、関係においてどのような存在でいられるかにかかっている」と言っています[01]。彼は著書『Presence-Based Coaching（存在に基づくコーチング）』で、関係性の力について説いています。二人のあいだに生じるエネルギーは、その場の「雰囲気」とよく呼ばれます。このエネルギーは測定できることが報告されています[02]。

感情から生まれるエネルギーには実体がある。

二人のあいだの関係性は、感知できる、力強いものだ。

人の神経はラジオ受信機と同じで、一緒にいる人の感情の波を受け止めます。カール・ユングは「二つの人格の出会いは、二つの化学物質の接触のようなものだ」と言いました[03]。人と人が交流すれば、その場で何かが起こります。互いの存在をどう感じ取ったかによって、通じ合ったり反発したり、心を開いたり閉じたりします。

この感情の伝わり方は、平等ではありません。より優位な立場にいる人の感情のほうが、会話を支配します[04]。コーチも、クライアントの肩書きに遠慮しない限り、コーチングの会話で主導的な立場にいます。コーチが気持ちを表に出さないようにしても、その感情をクライアントは感じ取って影響を受けます。

コーチングの最中、クライアントは不安になったり、もろくなったり、バランス感覚を失ったりする。どんな感情を抱いても安心していられるよう、コーチは自分の感情を意識的に制御しなくてはならない。

自分に向けられたコーチの気持ちと敬意を感じるから、クライアントは勇気を持って学ぼうと前進できるのです。そのためにも、コーチに対して「心理的安全性」を感じられるようでなくてはなりません。

心理的安全性

人は脅威に敏感です。危険を全力で察知します。だからこそコーチは、クライアントが安心して思ったことを口に出せる環境をつくる必要があります。従業員エンゲージメント（訳注・従業員の満足度や働きがい）で知られる研究者ウィリアム・カーンは心理的安全性について、「自分のイメージや地位、経歴が悪影響を及ぼさないか心配せずに、ありのままの自分でいられること」と説明しています［05］。コーチは、クライアントが安心して自身をさらけ出せるような「安心バブル（保護空間）」をつくる責任があるのです［06］。

信頼と心理的安全性は同じではない。

コーチを信じ、会話の内容が外に漏れることはないと思っていても、クライアントが自身をさらけ出せない場合があります。「自分の考えをそのまま言ったら、ばかにされたり、自己否定に陥ったりしないだろうか」「心配の種を打ち明けたり欲求をありのままに口にしたりしたら、笑われないだろうか」などと思っているかもしれません。

こうした不安を一掃するには、コーチが常にクライアントに関心を寄せ、その人の経験や考えに敬意を持ち、何より本人の賢さと機知があるからこそ前進できるのだと信じることが大切です。コーチが不安やじれったさ、批判的な目を持ったら、どんな良い意図で会話を進めても、効果は期待できないでしょう。

選び抜いた言葉より、敬意や肯定感を常に向けることが、相手に安心感を与える。

セラピーを受ける患者や大きなトラウマを抱えた人たちが、心理的負担のある会話も安心してできる状態を「治療的存在」と呼び、近年はその価値を測る研究もされています。「存在」とは、セラピストと患者双方が信頼と安心の感情を持っている神経生理学的な状態を指します。防御本能が抑えられ、成長や変化に最適な状態にあるのです[07]。

「治療的存在」では、姿勢や非言語的表現、声音に神経を使う必要はありません。その代わりに、神経系の重要な三つの器官である脳（頭）、心臓（心）、消化器官（肝）を全開にして、相手に対し関心、心配り、勇気を持ちます。コーチが腕組みしていようがいまいが、クライアントに対して抱く感情こそが、その場の安心感をつくり出す力の源泉になります。

たとえば、コーチが次のように考えていたとします。両腕を広げるか、足を組むか、それとも椅子に深く座るか。もしくは、心配そうな表情を見せようか、視線を合わせるほうがいいか。このようなことを考えているあいだは、自分にばかり注意を向け、目の前の人に集中していません。

神経をフル動員して相手に関心、配慮、度胸を持って接し、その人の成長を信じていれば、腕をどこに置こうと、相手を心から受け入れている気持ちが伝わるでしょう。周囲に心地良い空気が流れるよう、自身の内面を制御してください。

第2部で見た5つの基本的手法は、「治療的存在」が土台になります。次章からは、「治療的存在」をつくり出す3つの脳内習慣について説明します。コーチングを極めるには、次の3点が必要です。

1 頭の中を整える　Align your brain.

2 受け取る（ただ聞くのではない）**Receive**（don't just listen）**.**

3 自分の決めつけに気づき、これを排除する　Catch and release judgment.

「arc」という言葉は、本や映画、テレビドラマの話の全体を貫く筋を意味します。コーチングにおける脳内習慣「ARC」も同じように、セッションの全体を貫くものです。これをぜひ取り入れて、コーチングの名手と言われるようなスキルの使い手になってください。

第8章

頭の中を整える

Align Your Brain

注意力は、その人の思考を宙吊りにし、自由なままにし、真空にし、対象に入ってゆけるようにすることにある。……そしてとりわけ思考は、真空の状態で、待機の状態で、何も探さず、だがその赤裸々な真実において、思考に入り込んでくる対象を受け取る準備ができていなければならない。

——シモーヌ・ヴェイユ

訳注：シモーヌ・ヴェイユ著、今村純子訳、『神を待ちのぞむ』河出書房新社、2020年より引用

一般に、成功とは努力の賜物であり、何万時間もの練習を積み重ねてこそ熟達できると言われます。しかし、そうではないと指摘する研究も少なからずあります[01]。

練習を繰り返せば、あらゆるパフォーマンスは確かに、より容易に、より効果的にできるようになりますが、コーチングではこれに加えて、クライアントとの会話に全身全霊を傾けることが重要で、そうしなければ一流の域に達することはできません。

全身全霊を傾けるには、今その瞬間のクライアントとのやりとりだけに身も心も集中する必要があります。会話以外のものは頭の中に存在しません。思考は、頭の中を漂いながら流れ、去っていきます。この状態を**「コーチングの存在（Coaching Presence）」**と呼びます。

「コーチングの存在」の実践は、マインドフルネスのそれと似ています。マインドフルネスでは、心身の内部と外部で起こっていることに注意を向けます。思考や感覚が意識に現れ、過ぎ去っていくのに敏感に気づいている、という状態です。

コーチングでマインドフルネスを実践した場合、自分の思考や反応、呼吸にまず気づき、それから目の前のクライアントに集中します。その人が何を求めているのかつかもうとするのでなく、相手に興味を持ちます。解決法を見つけようとするのでなく、ゆったり構えます。助け舟を出そうとするのでなく、肝を据えて静かに見守ります。

コーチングの存在を用いるメリットは2点あります。まず、クライアントの言葉やそのほかの表現を敏感に受け取れるようになります。また、開放的な心的状態にあるので、クライアントに心理的な安心感が生まれ、誠実で探求的な会話が可能になります。

コーチングの存在を実践するために、次の3つの手順で頭の中を整えましょう。

1 どんな気持ちで会話に臨むか決める

2 「考えるパートナー」としての意識を持つ

3 クライアントの可能性を信じる

これらは、クライアントとの会話の前に行うことが大事です。コーチングの存在は、コーチが発する言葉よりも、開放的で安心できる場をつくり出す力を持っています。そして、会話が始まったあとも、その存在を維持し、必要に応じて頭の中を整え直さなくてはいけません。何かを考えて集中がとぎれても、会話にすぐに意識を集中し直してください。

どんな気持ちで会話に臨むか決める

コーチの感情はその言葉以上にクライアントに影響するので、相手に会う前に、どんな気持ちで臨むか決めなくてはいけません。ただ考えるのではなく、自分が決めた感情を身体に吹き込み、染みわたらせるのです。

1998年、私は、仕事をする人たちがその能力を最大限に発揮できるようにするためのプログラムを作成していました。この際に参考にしたのが、プレッシャーの中でも最高のパフォーマンスをする一流のスポーツ選手たちでした。スポーツ心理学の研究に目を通し、6つの競技のトップアスリートたちにインタビューをして、勝負をものにする技術について聞きました。

そこでわかったのは、最高レベルの選手たちは、競技で「ゾーンに入った」瞬間は、勝つことも含め何も考えていないということでした。勝つことを考えると、同時に負ける可能性も頭に浮かびます。優れた選手たちは、雑念を払って、自分が最も得意とするものを楽しんで体を自由に操っていました[02]。

このような精神状態は「フロー（flow）」と呼ばれ、そこでは人は、時間と空間の感覚を失って対象に完全に没入し、それ以外のものはまったく目に入らなくなります。この理論を提唱した心理学者ミハイ・チクセントミハイは、人間が楽しみながら最高のパフォーマンスをする、最適な心理状態だと説明しました。この状態にあると、何が起こっているかわかりながらも「反射的、本能的に反応する……感覚が指し示すものを慎重に判断し、しかるべく対応できる」のです[03]。そこに思考は必要ありません。

チクセントミハイの理論をきっかけに、マインドフルネスや、感情が結果に与える影響に関する研究や書籍が数多く書かれました。その大半は、フローに入ってから感情が生まれると位置づけていました。しかしその後の研究で、共感や安心感といった感情が呼び起こされると、フローに入りやすくなると考えられるようになりました。心の知能指数の研究が進み、今では、さまざまな感情が生化学的な反応を引き起こし、フローの感覚をつくり出すと知られています。それらの感情には幸福感、満足感、愛情、感謝、興味が含まれます。

私がインタビューで、フロー状態ではどんな気持ちになるのか選手たちに聞くと、穏やかで自信に満ちた気持ちだと彼らは答えました。感謝の気持ちを感じると答えた選手もいました。選手たちにとっては、それまで考えたことのない話題だったようですが、確かに、そのような気持ちがフローの維持には大事だと話しました。少しでも恐怖を感じれば、その瞬間にフローは消え去ったでしょう。

コーチングにおいてフローの状態に入るには、雑念を払うだけでなく、クライアントとの対話を通じて感じていたい一つか二つの感情を持つようにします。たとえば、相手への興味と思いやり、または冷静さと大胆さ、または感謝と楽観的な気持ち、といった具合です。

クライアントに対して自分が最も集中できそうな感情を選んでください。クライアントの傾向を考慮して決めるときもあるでしょう。こうした感情を体全体に染みわたらせるのに有効な4つのステップを章末に紹介します［04］。

コーチはクライアントとの会話に全身全霊を傾けてください。その前提があって初めて相手との関係を築けます。相手の言葉に対する感度が増し、どんな小さな感情の変化も見逃さなくなるだけでなく、クライアントにも安心感を与えられます。コーチの感情から生まれるエネルギーが、会話にポジティブな力を生むのです。

クライアントに全身全霊を傾けると同時にコーチングのスキルを駆使するのは、簡単に身につく技術ではありません。集中を妨げるような思考の習慣はなかなか取れないものです。しかし、コーチングの存在に熟達するほどに、クライアントとのやり取りは深みが増すでしょう。

「考えるパートナー」としての意識を持つ

コーチは最善の道を見つけるパートナーだとクライアントに認識してもらわないといけません。コーチが最善と思う方向へ導こうとした瞬間、クライアントの安心感は（消滅しないまでも）大きく減じるでしょう。そうなると、コーチに否定的な態度をとらないにしても、あまり芳しい反応を示さなくなるでしょう。

コーチは、クライアントが自由に考えられる状況を整えなくてはなりません。ときには、クライアントを阻んでいる障害に本人より先に気づき、望ましい行動や結果が頭に浮かぶときもあるかもしれません。しかし、これはクライアントが決める旅だということを忘れてはいけません。あくまでもコーチは、パートナーとして存在しているのみです。行き先を決め、選択肢を明確にし、決断するのはクライアントです。

コーチがある結論へ導こうとした瞬間に、クライアントはコーチを拒絶するか、言いなりになるか、気持ちが離れるかする。

コーチは、クライアントの前に立ちはだかる問題をともに考えるためにいるのであり、正しい道を選ぶよう説くためにいるわけではありません。そして、クライアントの知性を信じ、その人のために働いていると思ってもらわなければなりません。そのような意向が伝われば、クライアントは、気持ちが弱っているときも安心できます。

おおらかな気持ちで、クライアントの話に関心を持って耳を傾けてください。そして、自分の考えに沿った答えを見つけるのでなく、パートナーとともに探求してください。クライアントの考えに、正否を見極めるのでなく、好奇心を持って対応するのです。クライアントが言う理屈に矛盾を感じたときは、内省を促す質問をしたり、少し間を置いたりして、本人がいずれ自らの理屈に疑問を持つことを期待します。そんなコーチを、クライアントも信じるでしょう。

コーチの仕事は、クライアントをどこかの地点へ導いたり、問題を裁いてみせたり、別人に生まれ変わらせたりすることではありません。考えを深めるためのパートナーとして、クライアントの視野を広げ、恐らく本人がずっと前からわかっていたはずの答えを見つけてもらうためにいるのです。

クライアントの可能性を信じる

人間性心理学者のアブラハム・マズローによれば、自らの意識と創造性を最大限に引き出すためには、周囲から思いやりを示され、受け入れられ、敬意を払われることが大切です。私たちは、話を聞いてもらい、理解され、自分は大事な存在だと感じたいのです。他人に認められてこそ、自身をより理解できるのです。

この社会で、私たちはスマートフォンやコンピュータをのぞいてばかりで、お互いをよく見ず、知ろうともしませんし、ましてや相手を稀有ですばらしい存在だと認めることもありません。現代の生活習慣がリアルな関係を築く時間を奪っているのです。そうして、私たちは奥深い会話も面倒だと思うようになりました。

誰もが、人前でも安心してありのままの自分でいたいと思っています。クライアントももちろん、そうです。しかし、コーチ自身が問題に飛びついて解決しようとしたり、感情的になっているクライアントをなだめようとしたり、やる気を出すよう説教したりしたら、この安心感は消え失せます。コーチがこのような行動をとるのは、クライアントに力がないと考えているからです。子ども扱いするような態度やわざとらしい言動を少しでも感じたとき、クライアントは防御的になり、心を閉ざします。二人の関係にひびが入ります。

クライアントに道を見つけ出す力が備わっていないとみなした途端に、コーチはパートナーではなくなり、十分な敬意を払って会話することができなくなる。

相手の問題解決能力を信頼してください。そこに信頼を寄せなければ、ジャーナリストのヨハン・ハリが「関係のパロディー」と呼ぶ、人間性が感じられないつき合いになってしまいます[05]。コーチングの場合、パートナーとしての信頼関係が生み出せたはずの力は消え失せます。クライアントは会話を終えたとき、裏切られたと感じたり、腹立たしく思ったりするでしょう。その後にコーチがクライアントと関係を築くのは、いっそう難しくなります。問題を解決してあげたい誘惑にコーチが負けたとき、双方とも大事なものを失うのです。

人は評価されたときほど、素直になれるし、成長に向けて全力で取り組めます。自分も自分の行為も尊重され、存在価値を感じられたとき、その人は苦難に立ち向かえます。

コーチがクライアントを創造的で機知に富み、十分な資質を備えていると認め、その可能性を信じることが、クライアントの目標達成のためにとても重要なのです。

人に宿題やタスクを与えても、その人を奮起させることはできない。その人が認められ、関心を寄せられ、敬意を払われたとき、本人の内側から力が生まれるのだ。

つき合うすべての人に対し、その人が持つ可能性を認める練習をしてください。次に人と会うとき、その人の目をしっかり見てください。その人が話す内容にかかわらず、目の前の人に敬意を持ち、その人が持てる知識を駆使して成功しようと努めていると認めてください。その人の学びを深めるお役に立てたら、なおいっそう良いでしょう。

頭の中を整えるための大事なポイント

クライアントとの関係を強固にするために頭の中を整えるには、次のポイントが重要です。

1　今この瞬間に集中する「コーチングの存在」を実践して、自身の内面、クライアントの内面、さらに二人のあいだで起こっていることに注意を向けてください。

2　クライアントと会話する前に「心理的安全性」を確立するために、次の3つの手順を踏みましょう。

1　まず、どんな気持ちで会話に臨むか決める。

2　「考えるパートナー」としての意識を持つ。

3　クライアントの可能性を信じる。

3　会話の前やその最中に、クライアントに向ける気持ちは、語る言葉より結果に影響する点を忘れないでください。

4　真の考えるパートナーとして、クライアントが考えるままに任せてください。そこから見えてくることに関心を持ち、受け入れましょう。

5　クライアントに敬意を持ち、その人が学びを深め、成長しようとする気持ちをあと押ししてください。クライアントをよく見て、その存在を尊重し、可能性を信じてください。

以上のような心理状態が自然に保てるようになるまで、次のステップを参考にして、頭の中を整える練習を繰り返してください。朝起きて一日を始めるときも、会話を交わすどんなときも、メールの返事をするときも、ベッドに入るときも、頭の中を整えてください。そうすれば、感情が揺れ動いても、気持ちを落ち着かせることができます。

頭の中を整える習慣づくり、「存在」のためのルーチン

コーチングの会話を始める前や、余計な思考や感情を排して集中したいときに、次の4つのステップからなる「存在」のためのルーチンを実践して、頭の中を整えてください。

1―体をリラックスさせる

雑念を払い、気持ちを整えるには、まず体の力を抜くことが大事です。

日々の仕事で積み重なったストレスは、体に表れます。筋肉はこわばり、呼吸はとぎれるか遅くなり、歯は固く締められ、胃はむかつき、肩は力が入って上がっています。

そんなときは、気持ちを鎮めるにも数秒しか続きません。体を先に整えなければ、頭の中はコントロールできないのです。

まず、自分の呼吸に集中してください。ストレスがかかった状態では、呼吸はとぎれたり浅くなったりします。最も簡単に力を抜くには、最初に息を長く吐き、それからいつもの楽なリズムに呼吸を戻します。

次に、首や背中、両腕、両脚の余計な力を抜きます。体のどこに力が入りがちか自分でわ

かっているなら、そこを中心に緊張を解きます。息を吸って、吐きながら力を抜いていきます。どこに力が入っているかよくわからない場合は、まず額とあご、次に両肩、胸、お腹、両腕、両脚と順番に力を抜いてみてください。一日のさまざまな場面で、呼吸とともに力を抜くようにしてください。体の中に必要なエネルギーがたまっていくでしょう。

リラックスした状態を保つために、緊張をやわらげる運動や活動を定期的にするようにしてください。瞑想やヨガなど、心を鎮める効果のあるものがおすすめです。グループで楽しめる運動や、ダンスなど自分が好きな運動もいいでしょう。公園を散歩したり、ハイキングしたり、子どもやペットと遊んだり、好きな趣味をしたり。とにかく、楽しみを感じ、感謝の気持ちが湧いてくる活動を見つけてください。

私の簡単なストレス解消法は、スマートフォンのアルバムにある「お気に入り写真」をながめることです。喜びと感謝の気持ちが湧いて、すぐに幸福感にひたれるのです。

このほか、生活のスピードを意識的に落としてみるのもいいでしょう。ゆっくり食べたり、車の運転を楽しんだり、ゆったりと歩いたりするのです。身軽で、常にすっきりした気持ちでいられるようにしてください。

2―頭の中を空っぽにする

体をリラックスさせたら、頭の中の雑音を消して、心を解放します。コーチとしての力量に対する不安、クライアントとの人間関係についての心配、コーチング以外の悩みなど、頭の中にあるごちゃごちゃごちゃとした考えを追い出します。そうすることで、フローの状態でコーチングに臨めます。

フローは、ただ楽しくて何かをやっているときに経験するものです。何も失うものがないときに、最高のパフォーマンスが生まれる可能性が高まるのです。そういうときに、すばらしいスピーチをしたり、自由奔放に踊ったり、見事な作品を執筆したりします。

頭を空っぽにするために、まず1分間、思考を停止し、周りをよく観察してください。何かを思い返したり、判断したり、分析したり、評価したりし始めても、その思考が心の中を過ぎ去るままにしてください。そして60秒間、周囲の観察を続けてください。

次の日はこの練習を2分間に伸ばしてください。頭の中が考えごとでいっぱいになるまで、この観察の時間をどれだけ長く伸ばせるか、日々練習してください。

3―自分の中心を意識する

東洋の思想の多くが、心の真の中心は体の真ん中にあると教えます。その真ん中を感じる方法は「センタリング」といって、意識を頭から体の芯へと移します。

スポーツ選手や演技、演奏などの表現者、武道家たちは、横隔膜やへそのすぐ下の下腹部を意識するように教えられます。ある人は、お腹を膨らませて息を思いきり吸い込み、肺の底を意識したときに、体の中心がわかるそうです。

私はコーチングの生徒たちに対して、これまでの人生で、不安を克服して何かに立ち向かったり意見を述べたりしたときに、体の真ん中から湧いた力を思い浮かべるように言います。勇気が湧いたり腹が据わったりするときに、体の中心は外に対して開きます。

1日1回、目を閉じて深く呼吸し、体の中心を意識してください。その気づきの状態をできるだけ長く続けてください。体の中心に気づいている状態を維持できるようになったら、同時にほかの活動もしてみてください。体の中心を意識しながら、スポーツや読書、音楽鑑賞、ハイキングを楽しみましょう。周囲の細部まで見えたり、聞こえたりするようになります。力強く、落ち着いて行動できるようになるでしょう。

慣れてくると、センタリングをしながら社会的な活動もできるようになります。自分の中心を意識して、相手に話しかけたり、相手の話を聴いたりするだけでも、良い関係を築けます。相手はあなたといると安心できます。あなたの言葉もはっきりと相手に届くでしょう。

今この瞬間に集中するのが難しいときは、お腹に手を当て、軽く指でポンポンとたたきましょう。頭から身体へと意識が向きます。呼吸も忘れずに意識してください。

新しい習慣を身につけるときはいつもそうですが、センタリングも日々の練習が必要です。身につくまでたっぷり時間をかけてください。安心できる場所で練習を始め、センタリングを技として身につけるのではなく、日常的な習慣になるようにしてください。

4―なりたい気持ちに集中する

体をリラックスさせ、雑念を払い、センタリングをしたら、コーチングに際して感じていたい気持ちを一つか二つ選びます。会話を終えたときに、クライアントにどんな気持ちになってもらいたいか考えてください。希望や誇りをつかみ取ってほしいですか？　あるいは、勇気や好奇心に満ちてほしいですか？　コーチング中にクライアントに感じてもらいたい気持ちを自分も感じたいと考え、なりたい気持ちを決めるコーチもいます。

私の場合、コーチングの前に、「好奇心と思いやり」の気持ちを体の中に吹き込みます。そして、この2つの言葉を書いた紙を見える場所に置きます。万が一、自分がいら立ったり、アドバイスしたくなったりしたときに、この紙に目を向けるのです。そして息を吸い込み、再び相手に関心を寄せ、思いやりの心で耳を澄まします。そうすると、適切な言葉が頭に浮かんでくるのです。

第9章

Receive (Don't Just Listen)

受け取る（ただ聞くのではない）

真の「聴く」行為とは、それによって自分が一変する可能性も進んで引き受けることである。

――アラン・アルダ

人の話を「聞く」ことを「受け取る」と表現するのを、私はジュリアン・トレジャーによるTEDトーク「聞き上手になる5つの方法」で初めて知りました[01]。

人の話の聞き方として彼が提唱するのが、受け取る（receive）、尊重する（appreciate）、要約する（summarize）、質問する（ask）を表す「RASA」です。受け取るとは、相手の話を注意深く聞くこと、尊重するとは、相槌を打つなどして共感を示したり「わかった」と意思表示したりすることだと彼は説明しています。

私は、自分が教える1、2日間の指導者向けコーチングプログラムで、このRASAを会話法として紹介しています。そして、話し手の考えを受け取り、尊重する行為を体験してもらいます。ほとんどの参加者は、相手にアドバイスしたくなり、踏みとどまるのに苦労したと言いますが、相手の話を価値判断せずに受け取り、尊重する点に気をつけたおかげで、会話により集中できるようになりました。さらに、相手の話を要約し、確認の質問をするように努めると、否応なく相手への関心が増すのです。

> 問題解決を目指すのでなく、内省的探求によって人をコーチングしようとするのなら、相手の話をただ聞くのではなく、その話をめいっぱい受け取れなくてはならない。

クライアントの話を受け取るコーチは、その人が差し出すものを真正面から受け止めます。クライアントの言葉に耳を傾け、表情や姿勢の変化に気づき、感情のわずかな揺れを察知し、本人が口に出していないものも感じ取るのです。クライアントは自分の人格や経験に敬意を払われ、そのまま受け止めてもらえると感じて、もっと心を開くようになり、コーチとともに探求しようと思うでしょう。

聞く行為

普段の生活で人の話を聞くのは、たいてい必要な情報を得るためです。あなたに協力するために話を聞いていますと口では言っても、情報をもとに考えごとをしている限り、相手との距離は埋まりません。会話を終えて別れるときに、互いに心のつながりを感じることはほぼありません。

人の話を聞くのは、次の目的のためです。

1―情報を得るため

次に何を言い、何をすべきか考えるために、人の話を聞きます。自分の主張を組み立てたり、自分の視点を他人と比べたり、情報を補って見解を深めたりするために、人の話を聞きます。コーチングにおいて情報収集する場合は、クライアントの話に飛び込んで何ができるか探るためです。

2―解答する、または解決するため

相手の話を聞き終えたところで、アドバイスするのが目的です。

3―組織上の決まりを守るため

立場上そうすることが正しいので、話を聞きます。関心があると思ってもらえる最小限の時間しか割きません。自分が聞きたいわけではなく、義務として話を聞きます。

知的認識

通常私たちは人の話を聞くとき、知的認識を用います。知的認識とは、話を聞き、内容を理解し、解釈することです。

相手の感情の変化に気づいたときは、分析しようとします。とはいっても、顔の表情を正確に読み取るのは至難の業です[02]。人と人とのあいだでは、言葉やわかりやすい表現以外にも、実にたくさんの情報がやりとりされているのです。

知的認識だけを使うと、コーチはもっぱら情報収集に集中してクライアントの話を理解しようとします。知的認識で話を聞くコーチはたいてい、問題を分析して解決法を見つけようとします。その結果、選択肢や結果を求め、表面的なコーチングになります。

受け取る行為

一方、会話に集中し、相手と深いつながりを持とうとするとき、私たちは論理的思考を介入させずに耳を傾けます。神経を全開にして、頭と心、肝を動員し、虚心坦懐に話を聞きます。相手は、話を受け止めてもらって尊重されたと感じ、最終的には自分の視点が変わったとさえ感じるでしょう［03］。

話を受け取るときは、どんな分析もしません。相手の言葉や表情、感情は、その人の経験を語るものであり、それをそのまま受け止め、認めます。語られた内容は、その時点の本人の認識を示すものであり、正しいものとしてとらえます。意見や評価を差し挟んだりはしません。人の話を受け取るのは、次の目的のためです。

1―相手とつながるため

つながりを持つために、話を聞きます。会話に全神経を集中し、クライアントの言葉や身ぶり以外のものも受け取ります。次に何が起こるか推測しようとせず、わからないことがあっても気楽に構えます。コーチがそのような姿勢でいてくれたほうが、クライアントにとってはありがたいのです。

2｜尊重する気持ちを伝えるため

クライアントに、話がそのまま受け止められ、理解され、尊重されていると感じてもらうために、コーチは耳を傾けます。コーチ自身、たとえそれが自分の考えと違っていても、相手の話を尊重することで共感する力が養われます。

3｜強い関係を結ぶため

相手と一緒に過ごすために話を聞きます。友人とのつき合いは、たいていこのようなものです。クライアントを親しい友人だと思って、その話を聞けますか？

4｜ともに探求し、学び、成長するため

目の前にいる魅力的な人物に興味を持ち、その人から学ぶために、話を聞きます。その人を通じて、それまで見たことも想像したこともない世界を楽しみます。他者とこのようにつながる感覚は、空を染める夕焼けや、巨岩が連なる渓谷、夜空に消えゆく流星を目の当たりにしたときの体験と似ています［04］。真っさらな気持ちで相手に向き合えば、自分のコーチングの最中であっても、コーチングの魔法を目の当たりにする経験を味わえます。

「受け取る」聞き方は、受動的なものではなく、能動的な行為です。最大限に受け取るためには、自分の頭の働きはもちろん、自分の感覚的な反応にも意識的になる必要があります。感覚的に気づけるようになれば、クライアントが話す言葉の裏にあるものも受け取り、読み取れるようになります。

感覚的な認識

会話の中で心に生じた気づきは、感覚による認識です。クライアントの話から感じる気づきのほかに、積極的に受け取りにいく気づきもあるでしょう。

クライアントがうまく言い表せない願望や失望、欲求、落胆、希望、疑問を感じ取るには、神経系の3つすべて——頭と心と肝——を使わなければなりません。その際に頭に描くイメージについては、この章の最後に説明します。

感覚を用いるからといって、不明瞭になるわけではありません。感覚を鋭敏に働かせて周囲を認識し、人の葛藤や苦しみ、興奮をすくい取るのです。ペットの動物は飼い主の気持ちを鋭く感じ取る能力があると、飼い主たちはよく話します。人間も空気を通じて伝わってくる感情を察知できるはずなのに、それに注意を払おうとしていないだけです。

子どものとき、こうした感覚的な気づきに反応しないようにしつけられた人も多いでしょう。「むきになって反発しちゃだめ」「しっかりしなさい」などと言われた経験はありませんか？　親にそう言われて、私たちは人の話を聞くときは知的認識を使って、話を解釈するようになりました。

仕事で他者の感情とかかわるのは面倒ではないか、と私はよく聞かれます。「人の気持ちに振り回されるのはごめんだ」と多くの人は言いますし、ビジネスの世界は、「強くなければ生き残れない」という格言にあふれています。

しかし、相手を懐に入れなければ、その人をよく知ることはできません。自分自身にも、他人にも感覚の経路を閉ざし、他者とのあいだに壁をつくってしまいます。

感覚を用いて会話し、気持ちを感じ取れるほどその人を知れば、内省を促す言葉はより影響力を持つ。

クライアントのボディーランゲージと声音から気持ちはある程度はわかりますが、二人のあいだに流れる感情のエネルギーを感じ取れれば、より深い気づきを得られます［05］。

心や肝を通じてそのエネルギーを感じ取る場合もあるでしょう。少し距離を置いて静かに見守ってほしいというクライアントの思いも察知できますし、話を先に進めたい、この話題にもう少し時間をかけたいという思いもわかります。ただ話を聞いてほしいと思っているのか、それとも現時点でやれるだけのことをやったと認めてもらいたいと思っているのかも、感じ取れます。

クライアントのストレスや不安、怒りにさらされるように感じるときもあるかもしれません。しかし、クライアントの気持ちに感化されているようでは、コーチは務まりません。共感するとき、人は感覚的な認識によって相手の感情を受け止めますが、コーチの場合は、受け取った感情を消し去る必要があります。そうすれば、第4章で説明したように、「相手と一体とならずに共感する」ことができます。

会話の中で何が見え、聞こえ、感じられたか、クライアントに伝えてください。クライアントの感情の影響下に入りそうになったら、体の力を抜いてその感情を取り除き、目の前の人に再び注意を向けてください。

会話から見え、聞こえ、感じるものを受け取り、伝えれば、クライアントはそれを通じて自分に対する理解を深めることができる。コーチが伝えたものをクライアントが安心して検討できるように、コーチはクライアントに感化されてはいけない。

クライアントの可能性を信じ、関心と思いやりを持って向き合えるように頭の中を整えてください。クライアントの話を分析することなく価値判断も加えずに受け取り、受け取ったものをそのまま本人に伝えてください。クライアントから感じ取った感情は、自分の中で消し去ってください。そうすれば二人のあいだに開放的で信じ合える固いきずなが生まれ、新しい道を模索しようとする力が生まれるのです。

感覚の気づきを会話に用いるための5つの手順

クリアな頭でコーチングに臨めるよう、次の手順を踏んでください。クライアントの言葉や表現をきっちりと受け止め、それをまた返して、吟味してもらってください。

1―自分の外側と内側の静寂を保つ

頭の中であれやこれやと考えるのをやめて、感覚のチャンネルを研ぎ澄まします。

2―知ろうとしない

クライアントの反応を先回りして考えず、どんな反応も起こり得ると思い直してください。驚きに遭遇するかもしれません。人は残念ながら、誰かを知れば知るほど、その人に好奇心を持てなくなります。知ろうとしている相手に質問をして、何が返ってくるか推測しない状態でいられますか？

3―自分が正しいと思わない

クライアントの視点を理解するために、関心を持って質問してください。クライアントから受け取ったものを本人にお返しするとともに、そのときの反応を肯定的に受け止めてください。伝えた内容にクライアントが同意しないときは、本人の解釈に従ってください。クライアントが、自分の気持ちに向き合い、しばらく考える時間と場所を必要とする場合もあります。

4―頭だけでなく、心と肝で話を聞く

会話の前に、まず心を開き、思いやりや感謝の気持ちを持つとともに、どんなことにも動じないよう腹をくくってください。これを習慣づけるために、このあとのエクササイズを参考にしてください。

5―本能を試す

心や肝にざわつくものを感じ、クライアントの怒りやいら立ち、悲しみ、欲求などの感情を察知したように思ったら、それについて尋ねてみてください。その感情を相手が是認してもしなくても、本人の答えを受け入れてください。あなたの勘が外れていたとしても、それがヒントになって自分の中の感情に本人が気づく場合もあります。

作家のA・H・アルマースは言っています。「ゆえに、静けさと穏やかさを内面に保てるようになれば、それだけ繊細な次元をも感知できるようになるのです。それによって、より深いところにある、より新しい類の知識、これまでとは違う経験を探求できるはずです[06]」

「受け取る」習慣をつくる：全神経を集中させる「コーチングの存在」のためのエクササイズ

頭、心、肝を明敏に働かせ、人の話を受け取る準備をするために、会話の前に次のようなイメージを描くようにしてください。一つのステップを踏んだら、少し間を置いてから、次のステップへ進んでください。

1―椅子にすわり、自分の体を見つめるような意識を持つ

視線を落として、ぼんやりと見つめます。体中の感覚を呼び覚まします。背筋を伸ばしたまま、心地良い体勢をとります。

2―椅子と接している体の部分を意識する

床につけた足の裏も意識してください。

3—自分の気持ちを観察する

悲しいですか？　穏やかですか？　疲れていますか？　落ち着きませんか？　どんな気持ちであっても、体の力を抜いてその感情を手放し、心に何もこだわりがない状態で次のステップを始めてください。

4—呼吸を意識する

息を吸って、吐くたびに体が反応するのを感じてください。体に吸い込む空気の冷たさ、または温かさを感じてください。吐くと同時に体の力を抜いてください。体のどこかが緊張しているようだったら、その場所へ空気を送り込むつもりで息を吸ってください。そして、息を吐きながら緊張も体の外へ押し出してください。

5—頭の中に注意を向ける

そこにエレベーターがあるとイメージしてください。ドアが開いています。中は空っぽで、そこへすべての思考や良識、意見が吸い込まれていきます。すべてが収まったところで、ドアが閉まります。頭の中には余計な思考は何も残っていません。そこで、「好奇心」という言葉を自分自身に向けて言ってください。息を吸い込んで、好奇心によって頭が覚醒するのを感じてください。

6―エレベーターに意識を戻す

ドアは閉まったままです。エレベーターがゆっくりと体の中を降りていきます。首をとおり、胸をとおって、心臓のすぐ横で止まります。とても大事な人やペット、もしくは心が安らぐ景色を思い浮かべてください。感謝の気持ちや幸せ、愛情を与えてくれるこれらのものは、エレベーターのドアが開くと、中へ入ります。深く息を吸って、「愛」や「幸せ」「感謝」など、そのときの気持ちを言葉にして言います。心が膨らむのを感じてください。

7―エレベーターを心のそばまで降ろす

ドアが閉まるときに、大切な人や動物、景色に別れを告げます。エレベーターは再びゆっくりと降りていき、体の真ん中を通って、おへそのすぐ下で止まります。エレベーターのドアが温かい光を放っています。ドアが開くと、中には光だけがあります。光の温かさを感じてください。かつて勇気が湧いて決然と行動したときのこと――恐怖に打ち勝って何かに立ち向かったり、発言したりしたこと――を思い出してください。その行動や発言の際に感じたものを思い出してください。息を吸い込み、「勇気」という言葉を自分に向けて言ってください。その言葉が体の真ん中に収まるのを感じてから、息を吐いてください。お腹に強さが宿りました。しばらくお腹で息をするのを意識してください。

8｜目をはっきりと開ける

頭と心と肝が外に向けて開放されました。コーチングや、ほかのあらゆる会話を始める準備が整いました。

このエクササイズをしてコーチングをしたあとに、頭、心、肝のうちうまく働かなかった部分がなかったか振り返ってください。実際に私が聞いた感想では、「肝は据わっていましたが、心で聞くのが難しかった」「いつも心だけで人の話を聞いてしまいます。腹をくくるのが怖いです」といったものがありました。

他者に手を差し伸べようとする人は、心を使って人の話を聞こうとします。本能に従ってリスクをとる人は、肝を使って話を聞くのが得意です。普段から苦手な部分で相手の話を受け取る練習をして、神経系の3つの主要器官がバランス良く働くようにしてください。練習を続ければ、神経系全体が整い、クライアントに向かって開いた状態を保ちながらコーチングできるようになります。

第10章

Catch and Release Judgement

自分の決めつけに気づき、これを排除する

コーチングは、その人がどんな感情や気分も発散できて、ありのままの自分を出せる居場所を提供します。

——マーシャ・レイノルズ

私は以前中国で、大観衆を前に一人の男性をコーチングしたことがあります。彼は、会社をリタイアしたあとにコーチの仕事に就くかどうか考えていました。当時の人事部長としての仕事のどこにやりがいを感じるか、私は聞きました。彼は、人を育てるのが好きだと答えました。従業員が想像以上に成長したときに見せる目の輝きに、喜びを感じると言いました。そして何といっても、従業員たちに共産主義の理念を浸透させていることに誇りを感じると話しました。彼の政治的価値観は私のそれと相反していましたし、それどころか私が小さいころに頭に刻み込んだ核攻撃の恐怖まで感じた瞬間でした。

しかし、そこは私が彼を評価したり改心させたりするために用意された場ではありません。私は自分の感情的な反応に気づき、息を吐いて、可能性を秘めた若者のまなざしが好きだというこのすばらしい男性に、再び全身全霊を傾けました。

「私は人を決めつけない」とは、熟練コーチが自分に最もよくつく嘘です。私たちは、自分が反動的で偏った人間とは思いたくありません。しかし、思考や感情を振り払って目の前の人に神経を集中し直すことはできても、自分の中の偏見や価値判断を消し去るのは至難の業です。

なかでも非常に悪影響なのに見過ごされてしまうのが、人を決めつけようとする感情です。

それは不安や怒りと同様、私たちの思考に害を及ぼす感情的な反応です。

私たちは、他人の言葉や行動に対して、そこに脅威がないか素早く調べて反応します。人への決めつけも似たような思考経路をたどります。つまり、自分が何者か(アイデンティティー)、世の中がどうあるべきか(自分にとっての現実)という自身の枠組みと対立する言葉や行動を認識したときに、感情的に反応して、決めつけるのです。目の前のことに集中していると思っても、頭は常に、自分の正否や善悪の基準と矛盾するものを見抜こうと働いています。私たちは元来、他者を評価するようにできているのです。

人は相手の何気ない行動を中立または肯定的にとらえるより、否定的にとらえる傾向にあり、これを「**ネガティビティ・バイアス**」と呼びます[01]。自分の考え方を他人と比べ、違いを大げさにとらえて、自分を守ろうとします。そのようなときに話す言葉は、質問するときも含め、否定的な解釈へ偏ってしまうものです。

何が正しく大切なのか、人はどうあるべきかという自己基準によって、
私たちは他人を決めつける。

気に入らないと、その気持ちが言葉やそぶりに無意識に出てしまうときはありませんか。ヴィンセント・ヴァン・ゴッホは書いています。「ちょっとした感情こそが生活を支配する司令官であり、私たちは気づかぬまま従っているのを忘れないようにしよう」

もしかすると無意識に、クライアントの前で片眉を上げたり、頭をかいたり、クライアントの言葉を再現しながら語尾の抑揚を上げて質問のような話し方をしたりしているかもしれません。補足質問があるなら、それはクライアントの言葉をまとめるためにすべきです。身勝手な判断が少しでも混じった反応をすれば、コーチングに不可欠な信頼や安心感を損ねてクライアントとの関係に大きく影響します。コーチの決めつけが会話の中ににじみ出てしまえば、パートナー関係は成り立ちません。

自分勝手な判断を避けるためには、決めつけたがる自分を認識する必要がある。

コーチングに熟達するには、自分が人を決めつけたがる偏見の持ち主であることをまず認めなくてはいけません。人間は偏った判断をするものです。それによってコーチングを台無しにしないためには、まず決めつけたがる性向を自覚し、それを排除しなくてはなりません。

自分の決めつけにすぐ気づくときもありますが、気づかないときもあります。後者は**無意識の偏見**と呼ばれます［02］。他人の通路の歩き方や飼っているペット、服の着こなし、話し方などを見るにつけ、私たちは偏見で勝手な講釈を垂れたり、無視したり、不快にさせたりしているのに気づかないのです。そのくせ、同じことを他人からされるのは嫌います。私たちが他人の気持ちを害するつもりがなくても、侮辱した点に変わりはありません。

無意識の偏見は、盲点です。たまたま同じ場所に居合わせた見知らぬ者同士であっても、より充実した人間関係を結び、不要な衝突を避けるためには、自分の決めつけに気づく練習をして、無意識の偏見を少しでも自覚する必要があります。

無意識の偏見は自分では気づきにくいため、誰かの力を借りることをおすすめします。自分の偏見が表れたときに、信頼できる人に指摘してもらうのです。私にもそのような友人がいて、私が辛辣《しんらつ》な意見を口にすると教えてくれます。指摘されたときは嫌な気持ちになりますが、気づかせてもらうのは、やはりありがたいものです。ほかにも、コーチを雇って、自分が何にむきになりやすいか気づかせてもらうのもいいでしょう。

相手の反応を額面どおりに受け取らない

コーチが最も決めつけをしやすい場面は、クライアントの感情的な反応に気づいたときです。クライアントの感情を勝手に推測し、それに少しでも不快感を滲ませれば、コーチングの進行に影響します。感情的な反応を探っていかなければ、それが意味するものを誤って判断してしまいます。自分の決めつけに気づいて、それを排除する練習をすれば、クライアントの感情が示唆する重要な意味に二人ともたどり着けるでしょう。

コーチが誤解しがちなクライアントの感情的な反応は次のとおりです。

1　ぎこちなく笑う

笑いは、状況を軽く見ているときに出るものとよく思われますが、照れくさかったり、自分を意識したりするときに笑う場合もあります。イエール大の心理学者オリアナ・アラゴンによれば、ぎこちない笑いは、幸せなときに泣くのと同じで、感情のバランスを取る行為だそうです[03]。クライアントに何がおかしいのか尋ねたり、本人は次に進みたいのだと思ったりするのでなく、「今お笑いになりましたね。どんな気持ちだったのでしょう」などと聞いて、その笑いにどんな意味があったのか尋ねてください。

2―視線の向きやまなざしが変わる

視線をそらしたり、鋭い視線を向けてきたりしても、クライアントが抗議しているわけではありません。本人がまだ語っていない真実に、コーチが触れたからです。関心を持って接し、どんなことも受け入れる態度で、クライアントに考えを教えてもらえないか聞いてみてください。

3―すぐに、簡単に応答する

コーチが内省を促す言葉をかけたのに対し、クライアントが「そのとおりです」とか「よくわかります」と即答する場合、本人がそれで満足しているととらえないようにしてください。神経質な笑いと同様に、クライアントは不快な真実から早く離れたいと思っているのかもしれません。何が「そのとおり」なのか、何が今「よくわかる」のか改めて聞いてください。

4―涙を流す

クライアントが泣くのは、必ずしも傷ついたとか悲しいとかいうわけではありません。ストレスがたまっていたり、失望が積み重なったりして涙が出る場合もあります。クライアントが涙を浮かべたら、時間を取って、本人が次に進む用意ができるまで静かに待ちましょう。コーチが静かに見守っていれば、クライアントは話せるようになった段階で知らせてくれます。もしすっかり取り乱してしまった場合は、セッションを打ち切り、延期したほうがいいか提案してみてください。ただし、それ以外に方法がない場合に限ります。泣いて弱っていると思われるより、時間をもらって気を取り直したほうが、必ずクライアントのためになるからです。気持ちが収まったときに、涙が出た理由を話せそうかどうか聞いてもいいでしょう。

5 — むきになる

クライアントがむきになるのは、聞きたくない情報に触れたときに見せる自然な反応です。誰も自分が過ちを犯したとは思いたくないものです。クライアントは反射的にむきになって、怒ったり心を閉ざしたりするかもしれません。何を耳にしたくないのか、あるいは受け入れられないのか聞いてください。暴力の危険がないようなら、ため込んだ怒りを発散してもらってください。コーチは相手を思いやり、関心を寄せ続けてください。コーチがあおらない限り、クライアントの怒りはやがて鎮まります。

6｜ためらう

クライアントがためらうのは、責任を持ちたくないからだとコーチはよく思いがちです。しかしほかにも、リスクを取る不安や、自分の変化を人がどう見るのかという心配、また変化がアイデンティティーに及ぼす影響への不安（「これをしたら、どんな人間になってしまうだろう？」）による場合があります［04］。クライアントがためらいを見せたら、それを再現してみせて、なぜ躊躇《ちゅうちょ》しているのか尋ねてください。回答によっては、その後のコーチングの方向性が変わる場合もあります。

会話に「私」を入れない

クライアントと一体化せず、しかしともに考えるパートナーになるには、会話のなかに「私」を入れないことです。自分の意見や経験を語らずに会話に没頭すれば、クライアントと強いきずなを保てます。

「私」は生きていくうえで必要な視点を与えてくれるので、手放すのはそう簡単ではありません。しかし、クライアントとの会話で自分の意見や評価を意識から消せれば、コーチングのフロー状態に入れます。その状態でもクライアントの気持ちには反応できます。「私」の余計な口出しに足を引っ張られずに済むだけです。

試しに、「私」を介入させずに20分間歩き回り、辺りを観察してみてください。周りのものや状況、人々がこれまでとどう違って見えるでしょうか。どんな点に微妙な違いを感じますか？　どんなものが目に入り興味を引きますか？　些細な点にハッとしたりしませんか？　普段あまりに多くを見落としていることに気づかされます。

しばらくは、いつの間にか「私」の視点に戻って物事を考えたり、それに気がついてやめたりを繰り返すでしょう。練習するうちに、会話への集中度が上がり、相手により意識を向けられるようになります。「私」を手放すのは、だんだんうまくなるものです。そうなればしめたもので、コーチングは、遠回りせずにより深い結果が得られるようになるでしょう。

決めつける感覚をつかむ

人への決めつけは、いろんなところで顔を出します。クライアントの気持ちや考えを勝手に決めつけるほかにも、クライアントを無力とみなしておせっかいなアドバイスをするのも決めつけの一つです。クライアントが複数の問題点を挙げたのに対し、どれから話し合うかコーチが選ぶのも決めつけです。

クライアントにより広い視野から自分で考えてもらいたいと願い、しかも相手にその力があると本気で思っていれば、「考えるパートナー」から逸脱し、「真実を知る者」として会話を導く専門家になりきっている自分に気づけるはずです。

大事なのは、自分の決めつけを感情的な反応として気づく習慣を身につけることです。決めつけようとする気持ちを生理的に感じ取れれば、息を吐いて力を抜き、再び会話に全身全霊を傾けられるようになります。私の場合、人を決めつけてしまいそうなときは、肋骨の最下位の真ん中にある横隔膜がきりきりと痛みます。その決めつけがときには、胸からのどまで込み上げ、口から飛び出しそうになるのです。

しかし、そのような反応にいつも事前に気づけるわけではありません。いつの間にか、自分の言葉や反応に偏見が入ってきます。私は自分の言葉に意見が入り込み始めたときに気づけるように訓練しています。「パートナー」の関係を踏み外したと思ったら、軌道修正するほうが素知らぬ振りをするよりずっとましです。私は「失礼しました、改めて言い直させてください」と言って、すぐに前言撤回します。そして、私が口を挟む前にクライアントが述べた話を、改めてクライアントに再現してみせます。私が間違って再現したら、クライアントに直してもらいます。そして、クライアントの思考について探求するか尋ねるなどしますが、それはあくまで相手への関心によるもので、自分がそう導きたいからではないように注意を払います。

人への決めつけはあまりに日常茶飯事のことなので、それが頭をもたげる瞬間を私たちは見逃しがちです。人を決めつけようとする感情を体のどこかで感じられるように、章末のエクササイズを試してください。自分が一方的な判断をしそうな機会をわざとつくって、そのときの感覚を確認してもいいでしょう。ニュースを見たり読んだり、Facebookの投稿をのぞいたり、人混みの中を歩いたりして、積極的に決めつけを体験してみてください。それから、体の力を抜いて心を空っぽにする練習をしてください。

決めつけを排除するための大事なポイント

一方的な判断を一時停止させる習慣をつけるために、次の点を参考にしてください。

1―決めつけそうな瞬間を感じ取る

何かに対して一方的に判断しようとする感情を察知する訓練をして、思考が歪まないように努めてください。

2―決めつける自分を責めない

人が他者を本能的に決めつける動機は、その人の見かけや年齢、政治的または宗教的な考え方、性的指向、障害、失礼な態度、自分に対する批判など、さまざまなところにあります。決めつけるのは、人間としてごく自然なことです。決めつける自分に対して腹を立てたり自信をなくしたりしないでください。決めつけないように注意するより、自分が決めつけていると気づいたときに、勇気をもってどんな行動をするかが大事です。

3―自分の思い込みや意見に疑義を挟む

他人に対してある感情を抱いたとき、その反応を正当化せずに、自分の中のどんな信条から生まれたのか、ただ考えてみてください。

4―正しくありたい、最終決定したい、などという欲求を捨てる

大事なのは、まずクライアントの言葉に耳を傾け、受け入れることです。クライアントの考えが目標達成の邪魔になっていない限り、自分の感情や意見は息を吐いて頭の外に押し出しましょう。クライアントの話の内容が目標に向けて妨げになると判断したら、本人に目指すものを改めて述べてもらい、先ほど話した内容が目標達成につながるのか、それとも障害になり得るか、尋ねてください。

5―周りの人たちに常に興味を持つ

自分の考え方にとらわれないように物事を見れば、新しい発見があるはずです。人はそれぞれ自分の価値観に従って行動しているので、必ずしも相手の考えに同調しなくてもよいのですが、素直な気持ちで話を聞き理解することはできるでしょう。そうすれば、心の平穏を守り、他者と上手に交流できるようになります。

私たちは何に対しても決めつけたがります。一方で、自分の視野を広げる力も持っていま す。私の願いは、人々がお互いの偏見を乗り越えて暮らせる世界になることです。皆さんにも同じ願いを持っていただけたら幸いです。

自分の感情に気づき、それを排除するための「感情認識」の習慣

コーチングに限らずどんなときであっても、感情が気分や思考に影響を与えている状態を察知できるようになれば、その場にふさわしい感情によりうまく切り替えられるようになります。自分の感情に気づく「感情認識」の習慣を養えば、その場にただ反応して感情的になるのでなく、自分が感じたい気持ちに切り替えられるようになります。

自分の感情を言い表すのは、簡単ではありません。大半の人はそのような訓練を受けてい

ませんし、複数の感情が入り混じっている場合もあるからです。さまざまな感情が混じり合っているだけでなく、感情を表現する言葉はたくさんあるので、感情認識は簡単ではありませんが、次の2つのステップを練習すれば、不可能ではありません。

1―しばし立ち止まって、今どんな感情を持っているか気づく

2―その感情を言い表す

感情認識を高めるには、まずそのときやっていることをやめて、体のチェックから始めます。どこか緊張していないでしょうか。歯を食いしばっていないか、肩に力が入っていないか、お腹がむかついていないか、または呼吸が浅くなっていないか。腕を組んでいるか、手や脚、足の先はどうなっているか。どこか緊張しているなら、それがどんな感情によるものか、考えてみてください。

どんな感情か言い表せなくても、身体的、精神的な状態の変化に気づく練習は、良いスタートになります。ほとんどの人が1日のうちの感情変化に気づくことはありません。せいぜい、夜に一段落したときに、疲れた、いらいらしている、満足していると思う程度でしょう。

1日最低3回、手元の作業をやめて、「今どんな気持ちだろう」と自問することで、感情認識を習慣づけられるようになります。この練習を少なくとも3週間続ければ、1日における感情の変化に自然と気づくようになるでしょう。

練習を続けていると、コーチング中の自分の感情的な反応にも気づけるようになります。そんなときは頭を整えるために、第8章の「存在」のためのルーチンで紹介したように、体をリラックスさせ、頭を空っぽにして、中心を意識し、好奇心と思いやりの気持ちを持って、再び目の前のクライアントに全身全霊を傾けます。

次の3週間は、スマートフォンや時計などのアラームを利用し、1日4回自分の感情を確認するようにします。どんな気持ちだったか思い返すのでなく、今まさにある感情を評価するのが大事です。4回のタイミングは週ごとに変えて、毎週異なる時間帯に自問します。確認した感情は紙かデジタルで記録し、変化の傾向を確かめられるようにします。

まずは基本的な感情から認識しましょう。自分の今の気持ちは、怒りか不満か、焦り、いら立ち、心配、嫌気、失望、悲しみ、驚き、幸せ、満足、それとも決めつけか。2つ以上の感情かもしれません。その感情を体の感覚としてとらえられるか試してください。感情を体から独立したものとして感じられれば、その感情を切り離した形で、自分の振る舞いを変えることができます。しばらくするとその感情も収まり、より適切な感情へと切り替えられるのです。

いったん止まって感情を言い表す練習を続けたら、自分の感情をより的確に識別できるようになりましょう。そのために表1のリストを参考にして、感情表現の言葉を増やしてください。

忘れてほしくないのは、これは自分のすべての感情に気づけるようになるための練習であって、正しい感情やそうでない感情の区別はありません。ですから、自分の感情に正直に向き合ってください。こうして少なくとも3週間練習したら、そのあとはアラームをかけないで練習を続けてください。

この練習のゴールは、自分の感情的な反応に気づく習慣をつけることです。それによって、そのときに必要な気持ちへと切り替えられるようになります。自分の感情に振り回されるのでなく、自分で感情を操れるようになりましょう。

表1｜さまざまな気持ち

感情の種類	気持ち		
怒り	激怒する	憤慨する	いまいましい
	しゃくにさわる	腹立たしい	不愉快だ
	いらいらする	いきり立つ	頭にくる
	裏切られたと思う	敵意を持つ	反感を持つ
	かりかりする	腹の虫がおさまらない	
	堪忍袋の緒が切れる	キレる	かちんとくる
	かっとなる	いらいらする	むしゃくしゃする
	嫌悪する	むっとする	疑う
	冷笑する		
不安	びくびくする	とても心配する	悩む
	気がかりだ	気にかける	緊張する
	落ち着かない	戦々恐々とする	おびえる
	ストレスがたまる	気に病む	くよくよする
失望	狼狽する	うろたえる	途方に暮れる
	追い込まれる	寂しい	疎外感がある
	みじめだ	悲しい	しょんぼりする
	憂鬱だ	絶望的になる	意気消沈する
	打ちひしがれる	落胆する	嘆息する
	期待を裏切られる	気が滅入る	挫折感を味わう
	気落ちする	肩を落とす	悲観する
	幻滅する	どうにもできない	深刻になる
	がっかりする	つらい	ためらう
	愛されていない	自暴自棄になる	うんざりする
	嫌になる	燃え尽きる	無感情になる
	気持ちが離れる	退屈する	愚かに感じる
	へとへとになる	失望する	
恥辱	屈辱を受ける	面目を失う	恥ずかしい
	恥じる	プライドを傷つけられる	
	汚名を着せられる	侮辱される	なめられる
	見くびられる	こけにされる	ばつが悪い
	気後れする		

感情の種類	気持ち		
驚き	ショックを受ける	ぎょっとする	唖然《あぜん》とする
	度肝を抜かれる	仰天する	狼狽する
情熱	熱心になる	興奮する	奮起する
	狂乱する	情熱を傾ける	正気を失う
	大喜びする	夢中になる	気合が入る
	意気込む	固く決心している	熱を入れる
	脇目も振らずに取り組む		やる気がある
	真剣になる	集中する	根を詰める
	没入する		
幸福	喜びでいっぱいになる	このうえなく幸せだ	心が満たされる
	とても喜ぶ	心が躍る	ラッキーだ
	うれしい	浮かれる	夢見心地になる
	うっとりする	希望に満ちている	生き生きとする
	華やいだ気分になる	快感を味わう	ご機嫌だ
平穏	落ち着いている	安心する	平和である
	くつろぐ	安らぐ	おとなしい
	心地よい	物わかりがよい	寛大だ
	受け入れる	気長でいる	穏やかだ
思いやり	いたわる	気遣う	大切にする
	配慮する	愛情深い	優しい
	支えになる	尊重する	親切にする
	同情する	情け深い	優しい
	寛大だ		

ほか
（思いついた感情を自由に書き足してください）

まとめ

クライアントとの会話を超えて

——生き方、文化としてのコーチング

Beyond the Conversation:
Coaching as a Lifestyle and a Culture

Coach
the Person,
Not the
Problem

自分が何者であり、何をする者か。
この二つは切り離せないものです。

——ハーミニア・イバーラ

コーチングの訓練を受け始めて1年たった頃、私は長年の友人たちと昼食をともにしました。食事の最中に、一人が言いました。「マーシャ、最近あなたと一緒にいると楽しいのよね」私は少しほほ笑んで、どういう意味か聞きました。「なんかね、前よりずっと気持ちよく話せるのよ」私は首をかしげて、先を促しました。「ほら、今みたいに話を前よりよく聞いてくれる。わからないけど、以前より私たちに興味を持ってくれるように感じるの。誤解しないでね。あなたは頭がいいし、いつも良いアドバイスをくれる。話もおもしろいし! でも、あなたは前に比べて変わったわ。それだけ言っておきたかったの」

その場にいた皆が同意しました。私が困惑しているのを親友の一人が気づいて、すかさずグラスを掲げて皆に乾杯しようよと言い、最近見つけた新しいレストランへ来月にでも行こうと話題を変えてくれました。

その日からしばらくは、友人から言われた言葉が頭から離れませんでした。前の自分はひどい友達だったのだろうか。私は、自分が話している最中に割り込んできて意見を言う人が嫌いでした。自分こそがそんな最悪の人間だったのではないか、と悩みました。

何日も考えた末に、ある朝起きて、私はこう思いました。「みんな今も変わらず友達でいてくれている。大事な問題を解決したいときは私を呼んでくれるし、仕事で会えないときは寂しいと思ってくれる。だから、知ったかぶりしていた昔の自分は許して、コーチングに出会って変われたことに感謝しよう！」

私は、コーチングで学んできたことが生活の習慣となり始めたのを感じました。

このとき私は、コーチングを教えてくれた最初のトレーナーの言葉を思い出していました。

「コーチングをするのと、コーチであるのとは違います」

コーチングは、ある特定の場所でしか通用しないわけではありません。コーチングが骨の髄まで染み込んでくると、普段の他者との関わり方にも表れてくるのです。そのときその場に全神経を集中して、話を聞くのでなく受け取り、決めつけを排する脳内習慣を身につけると、相手との関係性に変化が生まれます。内省を促す言葉と、確認のための質問をすることで自分の思い込みは減り、共通認識を持って会話を続けられるようになります。

友人たちは、私が話し相手のことを以前よりよくわかるようになったのを感じていました。私たちはより深いつながりを持てるようになりました。私が会話に意識をしっかり向けるようになったことが、友人たちとの関係を変えたのです。私は「コーチである」道を歩んでいると認識するようになりました。

コーチになる

コーチングにまだ慣れていなくても、自信がつくまで実践しないでおこうと思わないでください。仏経営大学院INSEAD《インシアード》と米ハーバード大の組織行動論の教授ハーミニア・イバーラは、将来お金と名声を得てから何かやろうとするのでは成長できないと言います。そして、今この瞬間から自分の行動を少しずつ変えるべきだと説きます。なぜなら、「今やっていること、つき合っている友人、仕事や人生についての物語によって、人は形づくられる」からです[01]。

もし人から何をやっているのか尋ねられたら、誇りをもって「コーチの仕事をしている」と答えてください。相手の許可を得られるのなら、いつでもコーチングを実践してください。その人の問題克服と前進に役に立てたと感じられれば、自分に対する見方も変わります。

そうしてアイデンティティーが変わると、コーチングをする段階から、コーチである段階へと移行します。オンラインを含む対話や参加者多数の会議、廊下での立ち話、昼食のおしゃべりを含む、すべての場面において、コーチであるようになるのです。

コーチである人は、相手を認め、その言葉に耳を傾け、尊重する。
自分が相手にもたらすことのできる影響を知れば、
コーチであることがアイデンティティーの一部になる。

私は、コーチングに関する誤解を解いてその真価を伝え、あらゆる会話を意味あるものにするためにこの本を書きました。人は苦しいときでも希望を持ち続けられると、私はコーチングを通じて信じられるようになりました。

コーチングが世界を救ったり、世の中の争いを止めたりすることはできないかもしれません。でも、私たちがコーチングというプレゼントを互いに贈り合い、そのメリットを享受するようになれば、より良い明日に向けて希望と志を持てるようになるはずです。

コーチングを文化として取り入れる

第1章で私は、コーチングの力によって人は視野を広げ、新しい可能性を見出し、行動を変えようと思えるようになると述べました。コーチングの力を信じるCEOやほかの指導者には、自身の組織にぜひコーチングを取り入れてほしいと願っています。社内のリーダーたちがコーチングのスキルを学んで身につけると、生産性や従業員の貢献度、成績の向上が見られたという研究結果があります[02]。

社内にコーチングの文化を築く最も大きなメリットは、従業員の働きがいが高まる点です[03]。それによって長期欠勤や離職率が減る一方で、変化への順応度が増します[04]。実際にコーチングの文化が根づいた組織では、経営陣は率先してコーチングを受け、ほかの幹部たちもコーチングのスキルを学び、すべての従業員は目的達成のために上司やメンターのコーチングを受けています。

私が教えたケニアのコーチング教室の生徒は、こう言いました。「あなたのプログラムのおかげで、新たな得意分野と技術を獲得しました。組織の多くのリーダーたちが以前より成長し、サービスの質とスタッフの士気も上がりました。彼らは何に対しても気持ちを込めて、積極的に働いてくれます」

組織の中でコーチになれば、行動に踏み出す勇気と意志を奮い立たせることができる。
コーチングが広まれば、社員の結びつきが深まり、
どんなことにも立ち向かえる組織が生まれる。

国際的な船舶会社の経営者は言います。「私は以前にも増して適切な言葉を語り、正しい方向で考えられようになって、日々成長していると感じます。部下たちをより深く理解できるようにもなりました。コーチングの結果には目を見張ります」

ほとんどの企業は、まずリーダーの一部にコーチングのスキルを学ばせることから始めます。そこで身につけたスキルをリーダーたちが実地に生かすには、上司のサポートが欠かせません。コーチングのスキルを使って自然に会話できるまで定期的に時間が持てるように、上司は配慮してあげてください。

私が会社の幹部にコーチングを教えるときは、その会社のCEOまたはその代理となる役員に、授業の初めにあいさつをお願いしています。CEOら役員たちはよく、自身がコーチングから大いに影響を受けた経験を語ってくれます。そして、授業の最後までつき合ってくれることも多々あります。

企業内でコーチングのプログラムを実施する際には、私は企画してくれた社員の方たちと、プログラムの効果がはっきりわかるように戦略を練り、企業全体でコーチングを取り入れてもらえるよう方策を講じます。いくつかの企業では、工場の従業員も含め全社員に向けたショートビデオをつくり、もし上司がコーチングのスキルを使って会話をしてくれたら、どんな利点があるか解説しました。コーチング文化を根づかせた企業の具体例を知りたい場合は、どうぞ私に連絡していただければと思います。

人が安心して会話し、自分を表現できる文化を育めば、周りだけでなく自分自身の真価も発揮できるようになる。

コーチングの授業の冒頭で、私はリーダーたちに「会社を去らねばならないときに、あなたは会社にどのように記憶されたいですか」と聞きます。そして一連の授業が終わり、再び同じ質問をすると、リーダーたちの答えは変わります。コーチングによって意味のある会話の仕方を学ぶと、自分が周りにどのように記憶されたいのか、考え方が変わるのです。

コーチングが変化をもたらす

コーチング歴25年間を通じて世界各地のコーチとともに時間を過ごせたのは、私にとって大変ありがたいことでした。旧友たちといるのもそれ自体楽しいのはもちろんですが、コーチングによって世の中を変えようという情熱を共有する仲間たちとともに語らうときほど、心が安らぐときはないからです。

人々が心を通わせることの少ない現代の分断社会で、コーチングは人と人とをつなぎ止める役割を果たします。打ちひしがれ、ストレスにさらされ、怒りを抱えている人が、生きる目的を取り戻し、未来に向けて歩む力を挽回できるようにします。望みはかなえられるという希望が持てるようになります。一つの内省を促す言葉と一つの質問によって、それぞれの人が自信を深め、大事な人生の可能性を広げられるようになります。

読者の皆さんがどんな目的でこの本の最初のページを開いたかは知るよしもありませんが、とにもかくにも、ここに収めたさまざまなコーチングのエクササイズを実践してくれたことに拍手を送ります。そして、最後までおつき合いいただき心から感謝したいと存じます。あなたは、マーガレット・ウィートリー（訳注・著述家、教育者）が言う「魂のために戦う勇士」[05]です。皆さんに幸あれ。

謝辞

私は25年前に一つの記事をきっかけにコーチングを知りました。それ以来、これまでに出会ったすべてのコーチ、クライアント、メンター、教師、友人たちのおかげで、この本を書くことができました。読者のあなたのことはここに挙げていませんが、こうやってご縁を持てて言葉で言い表せないほどうれしく思います。このようなつながりができて、私は幸せです。

編集者ニール・メイレットにとても感謝しています。私の考えがまとまらないとき、遠慮なく私に働きかけ、刺激し続けてくれました。同時に、その知識と洞察を惜しみもなく私に与えてくれました。

世界中にいる多くのコーチング仲間の友情と学識に敬意を表します。中でも、「ピラミッド・リソース・グループ」社長のＤＪミッチは、医療の世界で働く人々にコーチングを提供する「ヘルスケア・コーチング・インスティテュート」を設立し私をトレーニング・ディレクターに招いてくれました。そこでの授業の経験が、この本の執筆に役立ちました。私は今も、教えるたびに新しいものを学んでいます。

ゾラン・トドロビッチ、テス・フゥー、アラウ・スーイー、スベトラナ・チュマコバは、それぞれが運営する学校で、私自身が新しく学んだことを授業に存分に生かせています。とてもありがたいと思っています。

最近では、ドロシー・シミノビッチと仕事ができたのが幸運でした。彼女はコーチングの熟達に向けた私の考えを常に刺激し、深めてくれます。

私のチアリーダーであるテリ・E・ベルフとベッキー・サリバン、変わらぬ応援をありがとう。そして、ヘイリー・フォスター、ウェンディ・ホワイト、リンダ・ランデン、アイリーン・マックダー、デニス・マックケルビー、ステファニー・ロソル、ダイアナ・グローが与えてくれた助言に、お礼を言います。私が世界中を駆け回るあいだも健全な生活を支えてくれるトニ・コークには、特別な謝意を捧げます。

私のすべての生徒とクライアントの皆さんにも深く感謝しています。この本には、あなたたちから学ばせてもらったことがたくさん詰まっています。

そして何よりも、私の人生のパートナー、カール・シュネルに、心からありがとう。私と私の仕事を無条件に支えてくれ、私が一人になりたいときは、二人の予定をないがしろにしてもそっとしてくれます。彼がいるから私の人生は成り立っています。

巻末注

はじめに

[**01**] これ以降、「コーチ」という言葉は、独立した専門職のコーチのほか、企業内で働くコーチ、組織の指導者、コーチングの手法を用いて会話する人など、この本で解説するコーチングのスキルや能力を用いるすべての人を指します。「クライアント」という言葉はコーチングを受ける人を指し、従業員や友人など対価を支払わない人も含みます。

第1部

[**01**] International Coaching Federation, "Core Competencies," http://coachfederation.org/core-competencies.「プロコーチの能力水準」一般社団法人国際コーチング連盟日本支部、https://icfjapan.com/competency

[**02**] Alfred Adler, *Social Interest: Adler's Key to the Meaning of Life* (Oxford: Oneworld, 1998), v.『生きる意味 人生にとっていちばん大切なこと』アルフレッド・アドラー著、長谷川早苗訳、興陽館、2018年

[**03**] Adler, *Social Interest*.『生きる意味 人生にとっていちばん大切なこと』

[**04**] John Dewey, *How We Think* (Boston: D. C. Heath, 1910), 51.『思考の方法』ジョン・デュウイー著、植田清次訳、春秋社、1955年

[**05**] Dewey, *How We Think*, 9.『思考の方法』

第1章

[**01**] International Coach Federation, "Global Consumer Awareness Study," 2017, https://coachfederation.org/research/consumer-awareness-study.

[**02**] Lesley Fair, "Business 'Coaches' Ejected from the Game—for Life," Consumer Information, Federal Trade Commission, Division of Consumer and Business Education, February 14, 2019.

[**03**] Daniel Kahneman, *Thinking, Fast and Slow* (New York: Farrar, Straus and Giroux, 2011). この本の24、33、51、89、174ページでカーネマンは、人間の「怠け者」の脳と、外から思考を邪魔されたときの反応について説明している。『ファスト&スロー：あなたの意思はどのように決まるか?』ダニエル・カーネマン著、村井章子訳、早川書房、2014年

[**04**] Maria Popova, "How We Think: John Dewey on the Art of Reflection and Fruitful Curiosity in an Age of Instant Opinions and Information Overload," Brain Pickings, https://www.brainpickings.org/2014/08/18/how-we-think-john-dewey/.

[**05**] Hal Gregersen, "Bursting the CEO Bubble," *Harvard Business Review*, March–April 2017, 76–83.

[**06**] Michael Gazzaniga, *Who's in Charge?: Free Will and the Science of the Brain* (New York: Ecco, 2011), 43.『〈わたし〉はどこにあるのか』マイケル・S・ガザニガ著、藤井留美訳、紀

伊国屋書店、2014年

[**07**] Sheila Heen and Douglas Stone, "Find the Coaching in Criticism," *Harvard Business Review*, January–February 2014, https://hbr.org/2014/01/find-the-coaching-in-criticism.

[**08**] Marcia Reynolds, *The Discomfort Zone: How Leaders Turn Difficult Conversations into Breakthroughs* (San Francisco: Berrett-Koehler, 2014), 3–4.

[**09**] Monika Hamori, Jie Cao, and Burak Koyuncu, "Why Top Young Managers Are in a Nonstop Job Hunt," *Harvard Business Review*, July–August 2012, http://hbr.org/2012/07/why-top-young-managers-are-in-a-nonstop-job-hunt/.

第2章

[**01**] Richard Boyatzis, Melvin Smith, and Ellen Van Oosten, *Helping People Change: Coaching with Compassion for Lifelong Learning and Growth* (Boston: Harvard Business Review Press, 2019).

第2部

[**01**] Gazzaniga, *Who's in Charge?* 136.『〈わたし〉はどこにあるのか』

第3章

[**01**] Paul Murray, *The Mark and the Void* (New York: Farrar, Straus and Giroux, 2015), 365.

第4章

[**01**] Richard J. Davidson and Sharon Begley, *The Emotional Life of Your Brain: How Its Unique Patterns Affect the Way You Think, Feel, and Live—and How You Can Change Them* (New York: Penguin, 2012), 60.『脳には、自分を変える「6つの力」がある。』リチャード・デビッドソン, シャロン・ベグリー著、茂木健一郎訳、三笠書房、2013年

[**02**] Agata Blaszczak-Boxe, "Too Much Emotional Intelligence Is a Bad Thing," *Scientific American Mind*, March 1, 2017, 83.

[**03**] Ron Carucci, "4 Ways to Get Honest, Critical Feedback from Your Employees," *Harvard Business Review*, November 23, 2017, https://hbr.org/2017/11/4-ways-to-get-honest-critical-feedback-from-your-employees.

第5章

[**01**]『精神の生活』ハンナ・アーレント著、佐藤和夫訳、岩波書店、1994年. Hannah Arendt, *The Life of the Mind* (New York: Harcourt Brace Jovanovich, 1978), 15.

[**02**] Jonathan Gottschall, "Storytelling Animals: 10 Surprising Ways That Story Dominates Our Lives," *The Blog*, HuffPost, updated June 21, 2012, https://www.huffpost.com/entry/humans-story-telling_b_1440917.

[**3**] Bertram Gawronski, "Six Lessons for a Cogent Science of Implicit Bias and Its

Criticism," *Perspectives on Psychological Science* 14 (4), 2019 : 574–595.

[**4**] Eli Saslow, "The White Flight of Derek Black," *Washington Post*, October 15, 2016.

[**5**] Warren Berger, *A More Beautiful Question: The Power of Inquiry to Spark Breakthrough Ideas* (New York: Bloomsbury, 2014), 58.『Q思考：シンプルな問いで本質をつかむ思考法』ウォーレン・バーガー著、鈴木立哉訳、ダイヤモンド社、2016年

[**6**] John Dewey, *How We Think*(Boston: D.C. Heath, 1910), 11.『思考の方法』ジョン・デュウイー著、植田清次訳、春秋社、1955年

[**7**] Marcia Reynolds, *Outsmart Your Brain: How to Master Your Mind When Emotions Take the Wheel*, 2nd ed. (Phoenix: Covisioning, 2017), 80–81.『Outsmart Your Brain　脳を出し抜く思考法』マーシャ・レイノルズ著、上原昌子、甲斐理恵子、堂田和美訳、ディスカヴァー・トゥエンティワン、2018年

[**8**] A. H. Almaas, *The Unfolding Now: Realizing Your True Nature through the Practice of Presence* (Boston: Shambhala, 2008), 187.

第6章

[**1**] Siyuan Liu, et al., "Neural Correlates of Lyrical Improvisation: An fMRI Study of Freestyle Rap," *Scientific Reports* 2, 834 (2012).

[**2**] Dori Meinert, "Brene Brown: Drop the Armor, Dare to Lead," Society for Human Resource Manegement, June 24, 2019, https://www.shrm.org/hr-today/news/hr-news/pages/brene-brown-drop-the-armor-dare-to-lead.aspx.

第7章

[**1**] John Renesch, "A Mature Approach to Commitment," *Mini-Keynote Editorials* (blog), July 2019, http://renesch.com/2019/a-mature-approach-to-commitment/.

第3部

[**1**] Doug Silsbee, *Presence-Based Coaching* (San Francisco: Jossey-Bass, 2008), 2.

[**2**] Rollin McCraty, *The Energetic Heart: Bioelectromagnetic Interactions within and between People* (Boulder Creek : HeartMath Institute, 2003).

[**3**] Carl Jung, *Modern Man in Search of a Soul*, trans. W. S. Dell and Cary F. Baynes (London: Routledge Press, 2001), 49.

[**4**] Daniel Goleman, *Social Intelligence: The New Science of Human Relationships* (New York: Bantam, 2006), 275.『SQ生きかたの知能指数：ほんとうの「頭の良さ」とは何か』ダニエル・ゴールマン著、土屋京子訳、日本経済新聞出版社、2007年

[**5**] William A. Kahn, "Psychological Conditions of Personal Engagement and Disengagement at Work," *Academy of Management Journal* vol. 33, no. 4 (2017): 708.

[**6**] Marcia Reynolds, *The Discomfort Zone: How Leaders Turn Difficult Conversations into Breakthroughs* (San Francisco: Berrett-Koehler, 2014), 27.

[7] Shari M. Gellar and Stephen W. Porges, "Therapeutic Presence: Neurophysiological Mechanisms Mediating Feeling Safe in Therapeutic Relationships," *Journal of Psychotherapy Integration* 24 (3), 2014 : 178–192.

第8章

[1] Kenneth Nowack, "Facilitating Successful Behavioral Change: Beyond Goal Setting to Goal Flourishing," *Consulting Psychology Journal* 69 (3), 2017 : 153–171.

[2] Michael Murphy and Rhea White, *In the Zone: Transcendent Experience in Sports* (New York: Penguin, 1995).

[3] Mihaly Csikszentmihalyi, *Flow: The Psychology of Optimal Experience*(New York: Harper and Row, 1990), 24.『フロー体験 喜びの現象学』M. チクセントミハイ著、今村浩明訳、世界思想社、1996年

[4] Marcia Reynolds, *Outsmart Your Brain: How to Master Your Mind When Emotions Take the Wheel* (Phoenix: Covisioning, 2017), 44–54.『Outsmart Your Brain　脳を出し抜く思考法』マーシャ・レイノルズ著、上原昌子、甲斐理恵子、堂田和美訳、ディスカヴァー・トゥエンティワン、2018年

[5] Johann Hari, "Everything You Think You Know about Addiction Is Wrong," TEDGlobalLondon, June 2015, https://www.ted.com/talks/johann_hari_everything_you_think_you_know_about_addiction_is_wrong.

第9章

[1] Julian Treasure, "5 Ways to Listen Better," TEDGlobal, July 2011, https://www.ted.com/talks/julian_treasure_5_ways_to_listen_better.

[2] Alice Park, "Emotions May Not Be So Universal After All," *Time*, March 6, 2014, https://time.com/14478/emotions-may-not-be-so-universal-after-all/.

[3] Grant Soosalu and Marvin Oka, "Neuroscience and the Three Brains of Leadership," mBraining, 2012, https://www.mbraining.com/mbit-and-Leadership.

[4] Shaun Gallagher, et al., *The Neurophenomenology of Awe and Wonder: Towards a Non-reductionist Cognitive Science* (Basingstoke : Palgrave Macmillan, 2015), 22–23.

[5] Daniel J. Siegel, *The Developing Mind: How Relationships and the Brain Interact to Shape Who We Are*, 2nd ed. (New York: Guilford Press, 2012).

[6] A. H. Almaas, *Spacecruiser Inquiry: True Guidance for the Inner Journey* (Boston: Shambhala, 2002), 321.

第10章

[**1**] Paul Rozin and Edward B. Royzman, "Negativity Bias, Negativity Dominance, and Contagion," *Personality and Social Psychology Review* 5 (4), 2001 : 296–320.

[**2**] Howard J. Ross, *Everyday Bias: Identifying and Navigating Unconscious Judgments in Our Daily Lives* (Lanham : Rowman & Littlefield, 2014).『なぜあなたは自分の「偏見」に気づけないのか：逃れられないバイアスとの「共存」のために』ハワード・J・ロス著、御舩由美子訳、原書房、2021年

[**3**] Margaret S. Clark, Rebecca L. Dyer, and John A. Bargh. "Revealed: Why We Cry When We Are Happy, Yale University Study," Biospace.com, November 13, 2014, https://www.biospace.com/article/revealed-why-we-cry-when-we-are-happy-yale-university-study-/.

[**4**] Will Sharon, "Hesitation on the Hero's Journey," YouTube video, July 22, 2019, https://www.youtube.com/watch?v=P-pAwqzymqE&.

まとめ

[**1**] Herminia Ibarra, *Working Identity: Unconventional Strategies for Reinventing Your Career* (Boston: Harvard Business School Press, 2003), xi.『ハーバード流キャリア・チェンジ術』ハーミニア・イバーラ著、宮田貴子訳、翔泳社、2003年

[**2**] Joel A. DiGirolamo and J. Thomas Tkach, "An Exploration of Managers and Leaders Using Coaching Skills," *Consulting Psychology Journal* 71 (3), 2019, https://psycnet.apa.org/record/2019-23918-001.html

[**3**] Jenna Filipkowski, *Building a Coaching Culture*, Human Capital Institute, October 1, 2014, http://www.hci.org/hr-research/building-coaching-culture.

[**4**] Jenna Filipkowski, Mark Ruth, and Abby Heverin, *Building a Coaching Culture for Change Management*, Human Capital Institute and International Coaching Federation, September 25, 2018, https://cdn.ymaws.com/www.acmpglobal.org/resource/resmgr/ignitors/2018_bcc_for_change_manageme.pdf.

[**5**] Margaret J. Wheatley, *Who Do We Choose to Be? : Facing Reality, Claiming Leadership, Restoring Sanity* (Oakland: Berrett-Koehler, 2017), 253–266.

変革的コーチング　5つの基本手法と3つの脳内習慣

発行日　2023年6月23日　第1刷
発行日　2023年9月 1 日　第2刷

Author
マーシャ・レイノルズ

Translator
深町あおい（翻訳協力：株式会社トランネット）
Supervisor　伊藤守

Book Designer
加藤賢策　守谷めぐみ
（株式会社ラボラトリーズ）

Publication
株式会社ディスカヴァー・トゥエンティワン
〒102-0093 東京都千代田区平河町2-16-1
平河町森タワー11F
TEL 03-3237-8321（代表）
03-3237-8345（営業）
FAX 03-3237-8323
https://d21.co.jp/

Publisher　谷口奈緒美
Editor　千葉正幸

Marketing Solution Company
飯田智樹　蛯原昇　古矢薫　山中麻吏
佐藤昌幸　青木翔平　小田木もも
工藤奈津子　佐藤淳基　野村美紀
松ノ下直輝　八木眸　鈴木雄大
藤井多穂子　伊藤香　小山怜那　鈴木洋子

Digital Publishing Company
小田孝文　大山聡子　川島理　藤田浩芳
大竹朝子　中島俊平　早水真吾
三谷祐一　小関勝則　千葉正幸　原典宏
青木涼馬　阿知波淳平　磯部隆
伊東佑真　榎本明日香　王廳　大﨑双葉
大田原恵美　近江花渚　佐藤サラ圭
志摩麻衣　庄司知世　杉田彰子
仙田彩歌　副島杏南　滝口景太郎　舘瑞恵
田山礼真　津野主揮　中西花　西川なつか
野﨑竜海　野中保奈美　野村美空
橋本莉奈　林秀樹　廣内悠理　星野悠果
牧野類　宮田有利子　三輪真也　村尾純司
元木優子　安永姫菜　山田諭志　小石亜季
古川菜津子　坂田哲彦　高原未来子
中澤泰宏　浅野目七重　石橋佐知子
井澤徳子　伊藤由美　蛯原華恵
葛目美枝子　金野美穂　千葉潤子
波塚みなみ　西村亜希子　畑野衣見
林佳菜　藤井かおり　町田加奈子
宮崎陽子　新井英里　石田麻梨子
岩田絵美　恵藤奏恵　大原花桜里
蠣﨑浩矢　神日登美　近藤恵理
塩川栞那　繁田かおり　末永敦大
時任炎　中谷夕香　長谷川かの子
服部剛　米盛さゆり

TECH Company
大星多聞　森谷真一　馮東平　宇賀神実
小野航平　林秀規　斎藤悠人　福田章平

Headquarters
塩川和真　井筒浩　井上竜之介
奥田千晶　久保裕子　田中亜紀
福永友紀　池田望　齋藤朋子　俵敬子
宮下祥子　丸山香織

Proofreader　株式会社T&K
DTP　株式会社RUHIA
Printing　日経印刷株式会社

ISBN978-4-7993-2956-6